Manfred Neuhold

Tee

Stocker
STV

Manfred Neuhold

Tee

aus heimischen Kräutern und Früchten

Leopold Stocker Verlag
Graz – Stuttgart

Umschlaggestaltung:
DSR Werbeagentur Rypka GmbH, 8143 Dobl/Graz, www.rypka.at
Titelbild: BILDHAUER, Graz

Bildnachweis: BILDHAUER, Graz (1); Clemens Arvay, Güssing (2); Mona
Lorenz, Gmunden (24); Sofie Meys, Köln (11); Walter Gaigg, Steyrling (8). Die
restlichen Bilder wurden freundlicherweise vom Autor zur Verfügung gestellt.

Der Inhalt dieses Buches wurde vom Autor und vom Verlag nach bestem
Gewissen geprüft, eine Garantie kann jedoch nicht übernommen werden.
Die juristische Haftung ist ausgeschlossen.

Bibliografische Information Der Deutschen Bibliothek
Die Deutsche Bibliothek verzeichnet diese Publikation in der Deutschen Natio-
nalbibliografie; detaillierte bibliografische Daten sind im Internet unter
http://dnb.ddb.de abrufbar.

Hinweis: Dieses Buch wurde auf chlorfrei gebleichtem Papier gedruckt. Die
zum Schutz vor Verschmutzung verwendete Einschweißfolie ist aus Polyethylen
chlor- und schwefelfrei hergestellt. Diese umweltfreundliche Folie verhält sich
grundwasserneutral, ist voll recyclingfähig und verbrennt in Müllverbrennungs-
anlagen völlig ungiftig.

Auf Wunsch senden wir Ihnen gerne kostenlos unser Verlagsverzeichnis zu:
Leopold Stocker Verlag GmbH
Hofgasse 5 / Postfach 438
A-8011 Graz
Tel.: +43 (0)316/82 16 36
Fax: +43 (0)316/83 56 12
E-Mail: stocker-verlag@stocker-verlag.com
www.stocker-verlag.com

ISBN 978-3-7020-1289-2
Layout und Repro: DSR Werbeagentur Rypka GmbH, 8143 Dobl/Graz
Druck: Druckerei Theiss GmbH, A-9431 St. Stefan i. Lav., www.theiss.at

Inhalt

Aroma der Natur und des Lebensgefühls 9
Wie der Mensch auf den Tee kam 11
Teekult und Teekulturen 13
  China und Japan – Wiege der Teekultur 13
  Britische Teatime und russischer Samowar 17
Tee aus heimischen Kräutern 21
  Teekräuter sammeln 25
  Teekräuter – selbst gezogen! 26
    Teekräuter im Kräutergarten 28
    Aussaat, Pflanzung und Pflege 32
    Der Balkon als Teekräutergarten 37
So wird das Kraut zum Tee 39
  Ernten, trocknen, aufbewahren 41
  Fermentieren: Schwarzer Tee aus grünen Blättern 45
Früchte für den Tee 51
  Richtig trocknen: Aroma bewahren und entfalten 52
Letzter Schritt zum Genuss: Der Aufguss 55
    Aufguss 57
    Abkochen 57
    Kaltauszug 57
  Das Wasser für den Aufguss und die Teekanne 58
  Dosierung, Zubereitung und die richtige „Ziehzeit" 59
    Tee-Ei 60
    Tee-Netz 61
    Teefilter aus Papier 61
    Ziehzeit 61
Heimische Kräuter und Früchte für Tees
und Teemischungen 65
  Anis 65
  Apfel 66
  Birne 67
  Brennnessel 67
  Brombeeren 68
  Erdbeeren 70
  Fenchel 71
  Hagebutten 72
  Heidelbeeren 72
  Himbeeren 74
  Holunder 75
  Johannisbeeren 76

Johanniskraut 77
Kamille 80
Königskerze 82
Kümmel 83
Löwenzahn 84
Maisgriffel/Maisbart 86
Malve 87
Melisse 88
Pfefferminze 90
Quendel und Thymian 91
Ringelblume 92
Rose 94
Rosmarin 95
Rotkleeblüten 96
Salbei 97
Schafgarbe 98
Sonnenblume 99
Vogelbeeren 101
Zinnkraut 101

Teegenuss für jeden Geschmack 104

Kräuter und Früchte in Teemischungen 105
Frühstückstee mit Melisse 107
Frühstückstee mit Rosmarin 107
Frühstückstee mit Apfel 107
Fruchtiger Frühstückstee 107
Grüner Frühstückstee 107
Roter Frühstückstee 108
Hausteemischung hell 108
Hausteemischung dunkel 109
Apfeltee für Sommertage 109
Früchtetee für zwischendurch 109
Süßer Früchtetee 109
Roter Blütentee 109
Goldgelber Blütentee 110
Birnen- und Beerentee 110
Johannisbeertee 110
Milder Wintertee 112
Tee für sinnliche Stunden 112
Apfeltee für Wintertage 112
Würziger Wintertee 112
Tee für gewisse Tage 113
Abendtee 113
Aperitif-Teemischung 113

Digestif-Teemischung ... 113
Haustee für Schnupfenzeiten ... 113
Heiße Genüsse für kalte Tage – Früchte- und Kräuterpunsch ... 115
Kirschenpunsch ... 115
Apfelpunsch ... 116
Waldbeerenpunsch ... 117
Punsch für zwei ... 117
Wiener Punsch ... 118
Adventpunsch ... 118
Kräuterpunsch ... 120
Blütenpunsch ... 120
Winzergrog ... 121
Himbeergrog mit Vanille ... 121
Feuerzangenbowle ... 121
Kinder-Party-Bowle ... 123
Kalte Drinks für heiße Tage – Eistee und
Longdrinks mit Kräutern und Früchten ... 123
Blüten-Eistee ... 124
Himbeer-Eistee ... 124
Williams-Eistee ... 125
Sommernachtstee ... 125
Erdbeer-Eistee mit Sekt ... 125
Minzen-Eistee ... 126
Melissen-Eistee ... 126
Teeliköre – Alkoholisch-süße Tee-Genüsse ... 126
Klassischer Teelikör ... 128
Holunderblüten-Teelikör ... 129
Holunderbeeren-Teelikör ... 129
Himbeer-Teelikör ... 130
Vanille-Teelikör ... 130
Johannisbeer-Teelikör ... 131
Melissen-Teelikör ... 131
Minze-Teelikör ... 132
Hagebutten-Teelikör ... 132
Rosen-Teelikör ... 133
Schwarzer Teelikör ... 133
Brombeer-Teelikör ... 134
Kräutertee-Likör ... 134
Weihnachtlicher Teelikör ... 135
Teelikör-Gelees ... 135
Holunder-Teelikör-Gelee ... 135
Minze-Teelikör-Gelee ... 135
Rosen-Teelikör-Gelee ... 136

Auch die Haut mag Kräutertee 137

Teekräuter bei kosmetischen Problemen
und für die tägliche Hautpflege „von innen" 137
Schönheitspflege von außen und von innen 138
Kräutertee-Mischungen in kurmäßiger Anwendung 140
Kräutermischungen zur Stärkung einer gesunden Hautfunktion .. 142
   Mischung 1 142
   Mischung 2 142
   Mischung 3 142
Kräutermischungen zur Blutreinigung und Entschlackung 143
   Mischung 1 143
   Mischung 2 143
   Mischung 3 143
   Mischung 4 143
Kräutermischungen gegen unreine Gesichtshaut 144
   Mischung 1 144
   Mischung 2 144
Kräutermischungen gegen fettige Gesichtshaut 145
   Mischung 1 145
   Mischung 2 145
   Mischung 3 145
   Mischung 4 145
Kräutermischungen gegen fette und unreine Haut 147
   Mischung 1 147
   Mischung 2 147
   Mischung 3 147
Kräutermischungen gegen trockene und empfindliche Haut 148
   Mischung 1 148
   Mischung 2 148
   Mischung 3 148
Kräutermischungen gegen vorzeitige Faltenbildung 149
   Mischung 1 149
   Mischung 2 149
   Mischung 3 149
   Mischung 4 150
   Mischung 5 150
Kräutermischungen gegen blasse und schlaffe Haut 151
   Mischung 1 151
   Mischung 2 151
   Mischung 3 151

Aroma der Natur und des Lebensgefühls

Mit Tee ist immer ein eigenes Flair verbunden. Die Tasse Tee steht für das Innehalten in der Hektik des Alltags. Sie ist Symbol für den kleinen Genuss zwischendurch, für die Pause, in der man sich entspannt, zu sich selbst findet, Kraft schöpft. Tee ist immer mit Kultur verbunden, denn er verlangt zumindest nach einem Minimum an Tätigkeit bei der Zubereitung. Tee trinken, das tut man selten nebenher. Es ist etwas, das ganz in der Gegenwart angesiedelt ist und die Aufmerksamkeit des Geistes wie der Geschmacksempfindung auf behutsame Art in Anspruch nimmt. Der Duft einer Tasse Tee ist für viele das Aroma des Lebensgefühls.

Seit man unter Tee nicht bloß den „Schwarzen" aus asiatischen Anbaugebieten versteht, sondern die bunte Vielfalt unserer heimischen Kräuter- und Früchtetees (wieder-)entdeckt hat, gibt es Tee für jeden Geschmack, für jeden Anspruch und für Teetrinker jeden Alters.

> Kräutertees sind nicht nur traditionelle Heilmittel. Sie sind erfrischender Haustrunk genauso wie exquisites Getränk in geselliger Runde, sind Energy Drink und Durstlöscher.

Sie schmecken Kindern genauso wie Erwachsenen, sie regen am Morgen an und am Abend nicht auf. Und vor allem: Ihre Nebenwirkung ist Gesundheit.

Für jeden Geschmack
und jeden Anspruch:
Tee ist universell.

Bei der Vielfalt an Kräutern, Blüten und Früchten, die uns die Natur für die Teebereitung anbietet, stößt auch die anspruchsvollste Geschmacksfantasie kaum an Grenzen. Und diese Fantasie beschränkt sich nicht auf das, was man in die Tasse gießen kann. Tee aus Kräutern und Früchten ist Grundlage für festlichen Punsch und für feine Teeliköre, für Cocktails und Longdrinks. Fruchtige Desserts, Sorbets und Eiscremes bekommen mit Tee einen unvergleichlichen Charakter. Und selbst in der Kosmetik erobert der Kräutertee seinen Platz. Denn wie schon unsere Großmütter sagten: Was dem Körper innen guttut, ist auch Labsal für Haut und Haar.

Wer schließlich die Grundstoffe für seinen Teegenuss wachsen sieht, sie vielleicht sogar selbst zieht und pflegt, sie erntet und trocknet, kann mit vollem Recht behaupten: Tee aus unseren heimischen Kräutern, Blüten und Früchten – das ist von der Fantasie des Menschen und der Kraft des Wassers veredeltes Aroma der Natur.

Wie der Mensch auf den Tee kam

Unser Geschichtsbewusstsein hängt an schriftlichen Zeugnissen. Das ist aus wissenschaftlicher Sicht eine Notwendigkeit, aber für die Frage nach den Anfängen der Teekultur nicht hilfreich. Denn jener vorgeschichtliche Schamane – der natürlich auch ein vorgeschichtliches Kräuterweiblein gewesen sein kann –, der die Segnungen des Feuers, des Wassers und der Töpferkunst nutzte, um Aroma, Geschmack und Wirkstoffe eines Kräutchens in ein heißes Getränk zu transferieren, ist uns damit für immer durch die Nebel der Zeiten entzogen. Genauso wie die unzähligen Generationen von Heilkundigen, die Kräuteraufguss und Kräuterabsud zum Wohl von Mensch und Tier zu nutzen wussten, bis endlich im ersten nachchristlichen Jahrhundert der griechische Arzt Dioskurides dieses Wissen aufschrieb. In seinem Werk „De materia medica" („Über die Arzneien") listet er rund 800 Heilpflanzen auf, aus denen sich Tee bereiten lässt. Bis fast in unsere Zeit hat dieses Werk nichts von seiner Gültigkeit verloren. Und genauso lang sah man Tee aus Kräutern, Blüten, Früchten und Samen unserer heimischen Wild- und Kulturpflanzen durchwegs – oder sogar ausschließlich – als Heilmittel. Mit einer einzigen Ausnahme: den getrockneten Hagebutten. Den Hagebuttentee empfahl schon vor rund 800 Jahren die Äbtissin Hildegard von Bingen als stärkenden Haustrunk für die kalte Jahreszeit. Melisse und Minze werden zwar nicht erwähnt, dürften aber aufgrund ihres ausgeprägten Geschmacks auch schon damals nicht nur für Heilzwecke aufgegossen worden sein.

Schon das Wort „Tee" verlangt nach einer Erklärung. Zur Zeit Hildegards war es in unseren Breiten unbekannt. Kein Wunder, denn Tee gab es damals in Europa nicht. Im eigentlichen Wortsinn ist Tee nämlich nur, was vom Teestrauch geerntet wird. Erst die holländischen Seefahrer des 17. Jahrhunderts brachten den Tee nach Europa. Das heißt: Sie brachten die getrockneten Blätter, und sie brachten auch den Namen dafür.

> Heute verstehen wir unter „Tee" vor allem die Zubereitungsart – den Aufguss – und das Ergebnis derselben, unabhängig von der Art des aufgegossenen Krautes.

Ein Tee-Verständnis, das noch sehr jung ist, denn Kräuter- und Früchtetees als Genussmittel fanden erst nach dem Zweiten Weltkrieg eine weitere Verbreitung. Mitte der Fünfzigerjahre begannen jene, die sich vom kreislaufbelastenden Bohnenkaffee und vom als eintönig empfundenen Malzkaffee trennen wollten, mit Früchtetee-Mischungen zu experimentieren. Hagebutten, Hibiskusblüten, Apfelschalen, manchmal auch getrocknete Holunderbeeren wurden dem schwarzen Tee beigemischt. Unter Kräutertees verstand man vor allem jene aus Pfefferminze oder Zitronenmelisse, aber auch aus Samen wie Anis oder Fenchel. Wirklich manifestieren konnte sich diese neuentdeckte Teekultur auf der Basis von Tee, der wenig bis gar nichts mit dem Teestrauch zu tun hat, aber erst mit dem sensibleren Gesundheits- und Naturbewusstsein seit Mitte der Achtzigerjahre. Seither sind viele Elemente der klassischen Teekultur von den Genießern der Kräuter- und Früchtetees übernommen worden.

Grund genug, einen Blick auf die verschiedenen Teekulturen zu werfen, denn unabhängig von Duft, Geschmack und Zubereitung ist die Teekultur eine weltumspannende Kultur. Vielfältig in der Form und der Zeremonie, aber immer auf das gleiche Ziel ausgerichtet: den bewussten Genuss.

Den Aufguss gibt es seit frühester Zeit, das Wort Tee erst seit dem 17. Jahrhundert.

Heimische Kräuter und klassische Teekultur: Elemente des bewusste Genusses.

Teekult und Teekulturen

China und Japan – Wiege
der Teekultur

Britische Teatime und
russischer Samowar

Poetisch wie der Duft des Tees beginnt der Legende nach seine Geschichte: Kaiser Chen Nung soll mit seiner Trinkschale träumend unter
einem Strauch gesessen sein. Da fiel ein Blatt vom Strauch und in die
Trinkschale des Kaisers. Als Chen Nung aus seiner Versenkung erwachte
und nach der Schale griff, hatte das Wasser eine zarte Färbung und ein
himmlisches Aroma angenommen.

Auch wenn zu dieser Legende die exakte Jahreszahl gleich miterzählt
wird – die Geschichte soll sich gemäß der Abhandlung über den Tee, ver-
fasst von Kaiser Hui Tsung im 11. Jahrhundert, im Jahr 2737 vor Christus zugetragen haben –, bleibt es eine Legende. Denn tatsächlich begann der Siegeszug des Tees erst mit der Entdeckung der Fermentation.
Und diese dürfte etwa um das zweite nachchristliche Jahrhundert anzu-
setzen sein. Die Jahrtausende vorher gab es nur grünen Tee, der vor
allem als Heil- und weniger als Genussmittel geschätzt wurde. Jedenfalls
kann man China hinsichtlich des Aufgusses aus den Blättern des Teestrauchs als Ursprungsland wie als Land der ersten Teekultur und des
umfassendsten Teekultes ansehen.

China und Japan – Wiege der Teekultur

Die wildwachsenden Teesträucher kamen ursprünglich nur in China vor.
Kein Wunder also, dass Teegenuss und Teekultur in China ihre Wurzeln
haben. Drei Jahrtausende lang – etwa die 3000 Jahre vor Christus –

trank man dort den grünen Tee. Vor allem galt er als Heilmittel gegen Altersbeschwerden, Rheuma, Gicht und allgemeine Erschöpfungszustände. Man schrieb ihm auch zu, dass er die Sehkraft verbessere und den Teetrinker zu erhöhter geistiger Leistungsfähigkeit anrege. Was damals Vermutung aufgrund von Erfahrung war, ist heute durch die pharmazeutische Forschung weitgehend bewiesen. Der grüne Tee erfreut sich heute aus genau diesen Gründen zunehmender Beliebtheit.

Der große chinesische Gelehrte Laotse, der im vierten vorchristlichen Jahrhundert lebte und wirkte, nutzte den grünen Tee bereits als Genussmittel. Er dürfte damit im Einklang mit einer schon weit verbreiteten Gepflogenheit gestanden sein. Denn schon damals war es in China Sitte, Gäste mit einer Tasse Tee zu bewirten. Allerdings wurde Tee zu dieser Zeit im kalten Ansatz hergestellt. Der Ansatz wurde unmittelbar vor dem Genuss erwärmt. Für manche Heiltees wie beispielsweise den berühmten Misteltee ist das auch heute noch das übliche Verfahren. Würde man Misteltee mit siedendem Wasser übergießen, ginge ein Großteil seiner Wirkstoffe verloren.

Der Teeaufguss, wie wir ihn heute kennen, kam in China erst zur Zeit der ersten Ming-Kaiser gegen Mitte des 13. Jahrhunderts in Mode. Schon mehr als tausend Jahre zuvor hatte man allerdings die Fermentation entdeckt. Sie war es, die den grünen Tee als Mittel des Genusses und der Anregung durch den schwarzen Tee ergänzte.

> China – Ursprungsland des grünen und des fermentierten Tees

> Schon Laotse bewirtete seine Gäste mit einer Tasse Tee.

Die Fermentation ist an sich ein Prozess, der unter den entsprechenden Bedingungen auch in der Natur abläuft. Blätter mit einem bestimmten Gehalt an Gerbstoffen welken an. Werden sie durch Bewegung etwas „zerknittert", tritt der Zellsaft aus. An der Luft beginnt dieser sofort zu oxidieren – und dieser Oxidationsprozess der Zellsäfte, das ist die Fermentation.

Das Teeblatt verändert dabei seine Farbe von welkem Grün auf dunkles Kupferrot. Das satte bis fast schwarze Braun entsteht erst bei der anschließenden Trocknung.

Nach diesem von der Natur vorgegebenen Ablauf erfolgt auch heute noch die Herstellung von Schwarztee. Großteils automatisiert, aber nach dem gleichen Schema. Nach der Ernte lässt man die Teeblätter anwelken, bevor sie gerollt werden. Durch das Rollen wird die Oberfläche des Blattes zerknittert, die Zellwände brechen auf und der Saft tritt aus. Die Fermentation erfolgt als natürlicher Prozess ganz von selbst. Sie wird jedoch

– je nach Teesorte und gewünschten Geschmackseigenschaften – bei einem bestimmten Fermentationsgrad künstlich abgebrochen. Anschließend werden die Teeblätter getrocknet und zerkleinert.

So erkennt man am Beispiel des schwarzen Tees: Alle wirklich großartigen Errungenschaften der Menschheit beruhen auf den einfachsten Prinzipien.

Aber zurück nach China: Ob grün oder schwarz – der Tee regte schon die frühesten chinesischen Dichter zu wahren Lobeshymnen an. Der schon erwähnte Kaiser Hui Tsung pries die befreiende Wirkung einer Schale Tee auf Geist und Körper, die zur Glückseligkeit führe. Für den Buddhismus, der sich ab dem sechsten nachchristlichen Jahrhundert in China verbreitete, war der Tee die körperliche Labsal für den meditierenden Geist. Einer Legende nach soll der Teestrauch genau zu diesem Zweck gewachsen sein. Bodhidarma, der dritte Sohn des indischen Priesterkönigs Kaisawo, gilt als buddhistischer Missionar Chinas. Um Kraft für seine Aufgabe zu schöpfen, soll er neun Jahre lang vor einer glatten Felswand meditiert haben. Im siebenten Jahr schlief er vor Erschöpfung und Müdigkeit für wenige Augenblicke ein. Wieder wach, war er über seine Schwäche so wütend, dass er sich beide Augenlider abschnitt und sie auf die Erde warf. Vor seinen Füßen dehnten sich die Augenlider, schlugen Wurzeln und wuchsen zu zwei Sträuchern heran. Ihre Blätter fielen in die Trinkschale des Mönches und gaben in der Wärme des Sonnenlichts ihre Kraft an das Wasser. Bodhidarma trank davon, und sein Körper wie sein Geist wurden von Energie durchflutet.

Diese in verschiedenen Variationen weit verbreitete Legende hat übrigens eine nachhaltige Auswirkung auf die japanischen Schriftzeichen: Die japanische Schrift verwendet für Augenlid und für Tee dasselbe Zeichen!

Wie die Ursprünge des Tees finden wir auch jene des feinen, hauchzarten Porzellans in China. Das älteste heute noch erhaltene Porzellan ist etwa 1400 Jahre alt und – wie sollte es anders sein – chinesisches Teeporzellan. Erst im Gefolge der Chinareisen des venezianischen Kaufmanns Marco Polo wurde es in Europa bekannt. Es dauerte bis gegen Ende des 17. Jahrhunderts, bis man in Europa in der Lage war, Porzellan von annähernd ähnlicher Qualität herzustellen. Und nicht nur Europa tat sich schwer mit dem zarten Material für die Teetassen. Auch Japan musste bis ins 12. Jahrhundert sowohl den Tee als auch das feine Teeporzellan aus China importieren.

Wie der Tee stammt auch das feine Teeporzellan aus China.

Der Legende nach sollen um das Jahr 800 die beiden buddhistischen Mönche Saicho und Kukai die ersten Teesamen von China nach Japan geschmuggelt haben. Es dauerte jedoch bis ins 15. Jahrhundert, bis sich die berühmte japanische Teekultur entwickelte.

Die bis ins kleinste Detail festgelegten Teezeremonien fanden ihren Weg aus den Zen-Klöstern in alle Schichten des Volkes.

> Die Zen-Meister waren es, die als erste erkannten: Die bewusste und ritualisierte Zubereitung von Tee kann genauso wie dessen Genuss ein Weg zur Erleuchtung sein.

Dieser Weg zur Erleuchtung heißt im Zen-Buddhismus bis heute „Teeweg". Reinheit, Harmonie, Ehrfurcht und Stille kennzeichnen diesen Pfad zur Vollkommenheit. In Japan sagt man heute noch von kreativen, geistvollen Menschen, sie hätten „den Tee in sich". Diese Redewendung drückt die Bewunderung für Einsicht, Gelassenheit und Lebenskunst solcher Menschen aus. Zugleich sind diese Eigenschaften jene, zu denen der „Teeweg" führen soll.

Viele Bereiche der japanischen Kultur, die auf den ersten Blick nichts mit Tee zu tun haben, sind vom „Teeweg" nachhaltig beeinflusst: die japanische Gartenkunst, die japanische Architektur und Formen der japanischen Grafik, wie etwa die einzigartigen Farbholzschnitte. Der Teekult bestimmt die japanische Kultur tiefgreifender und nachhaltiger als jede andere. In anderen Kulturen ist Tee der Begleiter bestimmter Handlungen oder Ereignisse, in der japanischen ist er deren Träger. Zu Beginn unseres Jahrhunderts schrieb der japanische Schriftsteller und Zen-Meister Okakuro Kakuzo in seinem zum Klassiker gewordenen „Buch vom Tee": „Die Zeremonien rund um den Tee sind keine Idealisierung einer Form des Trinkens. Sie sind die äußeren Zeichen einer Religion der Lebenskultur." Tee ist Gegenstand der Verehrung. Nicht wegen seiner selbst, sondern weil er ein Mittel zur Erlangung einer höheren Bewusstseinsstufe ist.

Der Teekult wirkt in Japan als Träger der Lebenskultur.

Im Gegensatz zu China konnte sich in Japan der Teekult ohne Unterbrechung durch kulturelle oder politische Widerstände behaupten. Auch heute, in einem der höchstindustrialisierten Staaten der Welt, hat die traditionelle Teezeremonie ihren festen Platz.

Britische Teatime und russischer Samowar

Bis ins 18. Jahrhundert hatte China beinahe ein Monopol auf den Teestrauch. Er wurde zwar auch in Japan kultiviert. Die Japaner verbrauchten jedoch die gesamte Ernte selbst. China dagegen exportierte auch Tee. Seine ersten Handelspartner im europäischen Raum waren die Hol-

China hatte lange beinahe ein Teemonopol

länder. Die erste Ladung grünen Tees aus China erreichte im Jahr 1610 den Hafen von Rotterdam. Er war eine absolute Novität und dementsprechend in den vornehmen Kreisen bald ein Kultgetränk. Etwa 50 Jahre lang versorgten die Holländer ganz Europa mit Tee.

> In England wurde erstmals im Jahr 1657 Tee zum Kauf angeboten. Er erregte weder Aufsehen noch Begehrlichkeit. Das änderte sich schlagartig, als König Karl II. 1662 die portugiesische Prinzessin Katharina von Braganza heiratete. Die Portugiesin war eine regelrechte Teetante. Täglich um fünf Uhr nachmittags hielt sie ihre Teestunde: der britische Five-o-Clock-Tea war geboren.

Wer nobel ist, trinkt Tee.

Natürlich ahmten die Bürger die königliche Teestunde als Ausdruck ihrer eigenen Nobilität nach. Und weil von der Königin abwärts alle kultivierten Briten plötzlich nach Tee verlangten, stieg England im Jahr 1669 ganz groß in den Teehandel ein.

In der Zeit des Kolonialismus war es allgemein üblich, Pflanzen von Kontinent zu Kontinent zu befördern und ihren Anbau unter ähnlichen Bedingungen in Ländern zu versuchen, die dem Handel günstigere Bedingungen boten. Es dauerte nicht lange, bis die Engländer in ihren indischen Kolonien mit dem Teeanbau begannen. Die Bedingungen waren bestens, die Qualität konnte sich mit jener des Tees aus China messen. Tee aus Indien war weitaus billiger als jener aus China – und so wurde Indien zum Teelieferanten für die Teestunden des britischen Königreichs.

Die Fermentation des Tees ein Fall für die Spionage

Ein wesentliches Problem hatten die Engländer allerdings immer noch mit ihrem Tee: Sie wussten nicht, wie aus dem grünen Tee der weitaus begehrtere schwarze wurde. Die Chinesen verrieten das Geheimnis der Fermentation nämlich nicht. Also betrieben die Briten das, was man heute Industriespionage nennt. Erfolgreich war schließlich der als Spion engagierte Botaniker Robert Fortune. Er trieb sich als chinesischer Kaufmann verkleidet in den Teegärten des Kaiserreichs herum, beobachtete von seiner Sänfte aus die Arbeit in den Plantagen und lieferte schließlich detaillierte Aufzeichnungen über alle Schritte auf dem Produktionsweg zum schwarzen Tee. Dass das von ihm ausspionierte Wissen auf sehr einfachen Prinzipien beruhte, schmälerte seinen Ruhm nicht. Immerhin öffnete dieses Wissen für England den Weg zur Teehandelsmacht Nummer eins.

> Nicht nur, dass die Engländer neben Indien den Tee auch in Ceylon und in den afrikanischen Kolonien anbauten, konzentrierten sie die Produktion auf den schwarzen Tee.

China hatte traditionell vor allem grünen Tee exportiert. Der schwarze Tee entsprach in jeder Hinsicht den europäischen Geschmacksvorstellungen. Seine Farbe wurde als ansprechender empfunden als das blasse Gelbgrün des grünen Tees. Er passte zu den europäischen Süßigkeiten und vertrug sich mit Zitrone genauso wie mit Milch und mit Zucker. Der „englische Tee" entwickelte rasch seinen eigenständigen Charakter und gehört seither unwiderruflich zum britischen Lebensstil.

Schwarztee passt gut zu Süßigkeiten

> ### Übrigens:
> **Auf den britischen Inseln zieht der Tee mindestens drei und allerhöchstens fünf Minuten. Das ist der wesentliche Unterschied zum russischen Tee, ebenfalls fermentierter Tee, der aber viel länger im Samowar zieht.**

Wer den Samowar erfunden hat, weiß man nicht. Irgendwo in den zentralasiatischen Steppen dürfte er ursprünglich seine wohltuende Aufgabe erfüllt haben. Nomaden und Händler trugen ihn auf die Höfe der persischen Großkönige, zu den türkischen Sultanen und schließlich in die russischen Zarenpaläste. Dort wurde der Samowar berühmt. Seither spricht man diese Art des Teetrinkens den Russen zu.

Tee aus dem Samowar ist sehr dunkel. Er zieht lange und enthält entsprechend viele Gerbstoffe. Seine aufmunternde Wirkung ist geringer als jene von nur kurz gezogenem Tee. Dafür wirkt er sehr beruhigend auf Magen und Darm. Wer die russische Küche kennt, weiß diese Eigenschaft des russischen Tees zu schätzen.

Vom Prinzip her ist der Samowar ein großer, meist kunstvoll gearbeiteter Wasserkessel mit einer integrierten Heizquelle in Form eines Kohlebeckens. Das kleine Feuer hält das Wasser ständig heiß. Über dem Wasserbehälter wird in einem kleinen Kännchen mit sehr viel Tee und wenig Wasser ein sehr starker, fast extraktartiger Absud bereitet. Überkommt einen die Lust auf Tee, so gießt man ein wenig vom Absud in die Tasse und füllt sie mit dem heißen Wasser auf.

Wenig bekannt ist, dass sich der Samowar auch in der arabischen Welt höchster Beliebtheit erfreut. Und hier wird nicht nur Tee aus den Blättern des Teestrauches aufgegossen, sondern häufig auch Pfefferminztee. Womit wir über die Teekulturen der Welt wieder zurück zu unserem Kräutertee gekommen sind.

Russischer Samowar

Tee aus heimi-schen Kräutern

Teekräuter sammeln

Teekräuter – selbst gezogen

Es gibt viele Arten, den Körper mit den heilsamen und kraftspendenden Substanzen der Kräuter zu versorgen. Eine der genussvollsten ist jene über den Kräutertee. Wobei man schon an dieser Stelle eine zumindest grundsätzliche Unterscheidung treffen sollte: jene zwischen dem Heiltee und dem Kräutertee als genüsslichem Getränk. Eine exakte Grenze lässt sich nicht ziehen, denn alle Kräutertees, die dem bloßen Genuss dienen, enthalten auch Wirkstoffe.

Nehmen wir als Beispiel den beliebten Melissentee. Sein blumiger Geschmack mit dem zitronenartigen Duft verwöhnt selbst anspruchsvollste Teetrinker.

> Schon Hildegard von Bingen schrieb, dass man gerne lacht, wenn man Melissentee trinkt, weil die Melisse „das Herz freudig anregt und erfrischt".

Als Genussgetränk mit dieser angenehmen Wirkung wurde Melissentee trotzdem erst in den letzten 20 oder 30 Jahren beliebt. Bis dahin – und daneben natürlich heute noch – wird Melissentee vor allem als mild wirkender Heiltee bei nervösem Herzklopfen, nervösem Magen und Einschlafstörungen geschätzt.

Der Geschmack und die erheiternde Wirkung sind die Eigenschaften des Melissentees als Genussgetränk. Dass er durch die Rosmarinsäure, die Phenol-Carbonsäuren mit ihrer keimtötenden Wirkung und die fast 100 verschiedenen Terpenoidverbindungen auf alle Leiden mildernd

Geschmack, erheiternde
Wirkung und einiges an
Heilkräften!

wirkt, die man heute unter dem Begriff „Neurasthenie" zusammenfasst
– Rastlosigkeit, Herzjagen, nervöser Kopfschmerz und sogar Migräne
–, das sind die Eigenschaften des Melissentees als Heiltee. Der Melissentee selbst ist immer derselbe. Seine Funktion bekommt er durch
das Motiv desjenigen, der die Melissentee-Tasse zum Mund führt. Wenn
das Motiv der Genuss ist, bekommt man die heilenden Wirkstoffe als
Draufgabe, ob man sie jetzt braucht oder nicht. Überdosieren kann
man sie nicht. Das schlimmste, was beim übermäßigen Genuss von Melissentee passieren kann: Man scheidet die wertvollen Wirkstoffe ungenutzt aus.

> Was hier am Beispiel Melissentee gezeigt werden soll, gilt für fast
> alle üblichen Kräutertees. Die Grenze zwischen Genuss und Heilwirkung ist fließend. Also ist Kräutertee auf jeden Fall ein gesunder
> Genuss. Eine „Schadwirkung" bei nicht benötigter Heilwirkung
> gibt´s nämlich beim Kräutertee-Genuss nicht.

Heilende Wirkstoffe als
Draufgabe zum Genuss

Und weil man auch die Getränke zur Nahrung zählt, erfüllt man mit Kräutertee die Forderung aller Naturärzte seit Hippokrates: „Eure tägliche
Nahrung sei die Medizin!"

Für Heilzwecke haben die Kräutertees eine lange Tradition. Der Misteltee war bereits der „Zaubertrank" der keltischen Druiden. Heute weiß
man aus der pharmazeutischen Forschung, dass sie allen Grund für die
Wertschätzung der Mistel hatten. Sie ist zwar kein Allheilmittel, aber ein
äußerst wirkungsvolles Kreislaufmittel. Egal, ob der Blutdruck zu hoch
oder zu niedrig ist – der Misteltee wirkt regulierend. Neben der Mistel
verwendeten die alten europäischen Heilkundigen viele weitere Kräuter
für den heilkräftigen Absud – nur weiß man leider zu wenig darüber. Die
Druiden schrieben zwar ihre Briefe in Griechisch und Latein, aber sie

Die Druiden gaben ihr Wissen nur mündlich weiter.

schrieben ihr umfassendes Heilwissen nicht auf. Das wurde nur mündlich
weitergegeben – in einer Ausbildung, die rund zwanzig Jahre dauerte
und für die sich nach sorgfältigster Auslese nur die Allerbesten qualifizieren konnten.

Die Aufzeichnung des Wissens rund um die Kräuter und ihre Verwendung beginnt im Wesentlichen erst in den frühmittelalterlichen Klöstern.

> Vor allem die Mönche des heiligen Benedikt brachten es zur Meisterschaft im Gartenbau und in der Kultivierung wie Verwendung
> der Kräuter. Die Kräuter waren damals die einzigen verfügbaren
> Arzneien und für die Krankenpflege in den Klöstern von höchster
> Bedeutung.

Die Klostergärten stehen am Beginn des Kräuteranbaues in Mitteleuropa.

Der Anbau der Kräuter beginnt überhaupt erst in den Klostergärten. Bis dahin wurden sie als wildwachsende von den Kräuterkundigen gesammelt.

In der ersten „Gartenbauverordnung" der europäischen Geschichte, dem „Capitulare de villis" Karls des Großen aus dem Jahr 795, finden sich unter den angeführten und zum Anbau empfohlenen 73 Kräutern auch zahlreiche, deren segensreiche Wirkung dem Menschen über den Kräutertee zugänglich wurde: Minze, Salbei, Eibisch, Kamille, Melisse, Rosmarin, Fenchel, um die wichtigsten zu nennen. Karl der Große war ein großer Gartenliebhaber und für das Kräuterwissen der Benediktinermönche sehr aufgeschlossen. Neben seiner Kaiserpfalz in Aachen gab es riesige Gartenanlagen. Dort wurden die wildwachsenden heimischen Kräuter vermehrt und an die Klöster zwischen Südfrankreich und Rheinland weitergegeben. Manche Kräuter, die in der Natur sehr selten vorkommen, standen nun in ausreichenden Mengen zur Verfügung. Damit von diesem Segen auch das einfache Volk profitieren konnte, traf Karl der Große mit den Klöstern eine Vereinbarung: Als Gegenleistung für eine Vielzahl von Privilegien mussten die Klöster ihren Beitrag zur Volksbildung leisten. Das hieß im Sinne Karls nicht nur Missionierung und Errichtung von Klosterschulen, sondern auch die Verbreitung gärtnerischen Wissens.

Unterricht im Kräutergarten als Gegenleistung für kaiserliche Privilegien

In den meisten Klöstern gab es deshalb Mönche, die zu bestimmten Zeiten durch das Land zogen, um die Bauern im Anbau von Kräutern und Gemüse zu unterrichten. So entstanden im Gefolge und nach dem Muster der klösterlichen Kräutergärten die Bauerngärten mit ihren Kräutern, die für jedes Leiden gewachsen sind. Und natürlich auch für die Küche, um das geerntete Gemüse entsprechend zu würzen.

Damit wird eine Eigenheit vieler Kräuter angesprochen, die ebenso einzigartig wie faszinierend ist: Ein und dasselbe Kraut ist je nach Verwendung einmal Gewürz, dann Heilkraut und ein anderesmal Kraut für den durstlöschenden oder entspannenden Kräutertee.

Aber bleiben wir noch bei der Geschichte unserer Kräuter für den Tee. Das erste schriftliche Dokument über den Umstand, dass Kräuter nicht nur zu Heil-, sondern auch zu Genusszwecken mit kochendem Wasser überbrüht wurden, haben wir von der Äbtissin Hildegard von Bingen aus dem 12. Jahrhundert. In ihrer Liste uneingeschränkt empfehlenswerter Nahrungsmittel – für Gesunde wie für Kranke gleichermaßen geeignet – nennt sie nur zwei Getränke: Bier und Fencheltee. Diese Getränke sollen Hildegard zufolge zu oder nach einer Mahlzeit getrunken werden. An anderer Stelle empfiehlt sie den Aufguss von getrockneten Hagebutten als Getränk für den Winter und jenen von frischen oder getrockneten Blättern der Beerensträucher als Durstlöscher für alle Jahreszeiten. Auch verlangt sie, dass speziell für Kranke die Obstsäfte mit Kräutertee gemischt werden. Sie war keine Freundin von Rohkost, und Obstsäfte dürfte sie als solche angesehen haben.

Jedenfalls unterscheidet Hildegard von Bingen bereits Trinktees und

Hildegard von Bingen unterschied Heiltees und Trinktees.

Heiltees. Den Trinktees – um die es in diesem Buch vor allem geht – sind nicht nur die Früchtetees aus getrockneten Apfelschalen oder Apfelscheiben, Hagebutten und verschiedenen Beeren zuzurechnen. Auch Tees aus Samen, wie Fenchel, Anis oder Kümmel, und aus mild wirkenden Heilkräutern, wie Himbeer-, Erdbeer- und Brombeerblättern, Holunderblüten, Pfefferminze oder Zitronenmelisse, sind Trinktees für den täglichen Genuss. Sie können zur Reifezeit aus den frischen Pflanzenteilen aufgebrüht werden. Bei sachgerechter Trocknung stehen sie das ganze Jahr über für den Teegenuss zur Verfügung.

> Allen Trinktees ist gemeinsam, dass sie gut schmecken und auch bei regelmäßigem Genuss in größeren Mengen keinerlei unangenehme Nebenwirkungen zeigen.

Heiltees haben dagegen eine bestimmte Wirkung bei verschiedensten Leiden. Ihr Geschmack ist nebensächlich – und auch tatsächlich in den meisten Fällen nicht sehr verlockend. Offensichtlich hat die Natur unsere Geschmacksknospen in weiser Voraussicht so programmiert, dass wir bei stärker wirkenden Kräutertees keinerlei Genuss empfinden und deshalb gar nicht in die Versuchung geraten, sie aus diesem Grund aufzugießen. Heiltees sind echte, wenn auch meist mild wirkende, natürliche Arzneimittel bei vielerlei Beschwerden – und wie mit Arzneimitteln sollte man damit auch umgehen, denn Heiltees haben wie – alle Drogen – nicht nur Wirkung, sondern auch Nebenwirkungen.

Teekräuter sammeln

Über Jahrtausende hinweg holte sich der Mensch die Kräuter von dort, wo sie natürlicherweise vorkommen: aus der freien Natur. Das können wir auch heute noch so halten, wenn wir einige Aspekte berücksichtigen.

> ### Grundsatz
>
> **Immer nur wenige Kräuter vom selben Standort oder wenige Blüten oder Blätter von einer einzelnen Pflanze nehmen! Die Pflanzen sollen auch nach Ihrem Besuch noch unbeschwert weiterleben können.**

Auch sollte man die Sammeltätigkeit auf Standorte beschränken, wo die jeweilige Pflanzenart reichlich vorkommt. Das gilt besonders dann, wenn das ganze Kraut einer Pflanze benötigt wird.

Berücksichtigen sollte man beim Sammeln wildwachsender Kräuter auf jeden Fall die Möglichkeit einer landwirtschaftlichen Nutzung des Kräuterwuchsortes. Kunstdünger oder gar Pestizide – von einem nahe gelegenen Feld durch den Wind verweht – können nachhaltige Spuren im späteren Kräutertee hinterlassen. Selbstverständlich sammelt man nur Teile von völlig gesunden Pflanzen. Verfärbungen an Blüten, Blättern oder an Teilen des Krautes, auch wenn sie nur Punktgröße haben, oder gar abgestorbene Pflanzenteile sind ein deutlicher Hinweis darauf, die Finger von dieser Pflanze zu lassen.

Beim Sammeln wildwachsender Teekräuter ist der richtige Sammelzeitpunkt für die spätere Qualität des Tees von großer Bedeutung. Da ist natürlich der Reifegrad der Pflanze zu berücksichtigen, aber auch die herrschende Witterung und die Tageszeit. An feuchten, regnerischen Tagen ist Kräutersammeln sinnlos.

Zum Trocknen aufgehängte Kräuter

Es muss trocken sein, und die Pflanze sollte an diesem Tag schon einiges an Sonne abbekommen haben. Für Kräuter ist die beste Sammelzeit der spätere Vormittag.

Der Tau sollte völlig abgetrocknet sein, aber die Pflanze in der Mittagshitze noch nicht zuviel Feuchtigkeit verloren haben. Idealerweise sam-

Je voller der Mond zur Sammelzeit, umso aromatischer und gehaltvoller sind die Kräuter (links). Junge Kräuter tragen die Kräfte des Wachstums in sich und sind voller Saft und Kraft (rechts).

melt man Kräuter in der Zeit des zunehmenden Mondes. Die Pflanzensäfte mit ihren Aromen, ätherischen Ölen und Wirkstoffen steigen in der Pflanze hoch und erreichen am Vollmondtag – dem idealen Sammeltag, wenn das Wetter dementsprechend ist – ihren Höhepunkt. Unmittelbar vor Vollmond gesammelte Kräuter können bis in die Zeit des abnehmenden Mondes hinein getrocknet werden. Auch das ist von Bedeutung. Im abnehmenden Mond getrocknete Kräuter verlieren zwar den Wassergehalt, aber nur wenig von ihren Wirk- und Aromastoffen.

Beim Sammeln von Kräutern sollte man junge Kräuter bevorzugen. Sie stehen frisch im Saft, tragen alle Kräfte des Wachstums noch in sich und damit auch alle Aromen und Wirkstoffe. Letztere lösen sich auch nach dem Trocknen der Kräuter leicht aus dem Zellverband. Bei älteren Pflanzen überwiegen dagegen oft die holzigen Anteile. Sie können nur schwer aufgebrochen werden und die übliche Ziehzeit für Kräutertees reicht dazu manchmal gar nicht aus.

Als Behältnis für die gesammelten Kräuter sind Kunststoffsäcke oder -tragtaschen ungeeignet. Sie lassen die Feuchtigkeit der Pflanzen nicht nach außen dringen. Die gesammelten Pflanzen „schwitzen" und können sich rasch dunkel verfärben. Unübertroffen in seiner Funktionalität ist der gute alte Korb. Aber auch Leinensäckchen oder Tragtaschen aus Leinen sind für den Transport der Kräuterernte gut geeignet.

Teekräuter – selbst gezogen!

Alles, was man an Kräutern im Teekessel aufbrühen will, lässt sich im eigenen Garten ziehen. Oft sogar in einem Kübel oder Holzbottich auf dem Balkon, und manches sogar im Blumenkistchen auf dem Fensterbrett. Es kommt nur auf die Menge an, die man ernten will.

Teekräuter selbst zu ziehen, bietet neben dem Schutz für deren freilebende Vettern und Basen und dem Vergnügen, das Umgang und Zusammenleben mit Kräutern bietet, noch eine Reihe praktischer Vorteile. So weiß man bei selbstgezogenen Pflanzen immer, welchen Einflüssen sie ausgesetzt sind.

Man weiß, womit man düngt, und kann sicher sein, dass die Pflanzen keinen Pestiziden ausgesetzt werden. Zudem braucht man viel Zeit, um die Kräuter in der freien Natur einerseits zu finden und andrerseits auch noch den richtigen Zeitpunkt für ihre Ernte zu nutzen. Da ist es viel einfacher, sie im eigenen Garten oder auf dem Balkon zu haben. Man kann ihr Wachstum beobachten, kann die beste Zeit für die Ernte nutzen, hat sie immer verfügbar – und kann sich täglich an ihnen erfreuen. Denn die Kräuter, die uns so großzügig mit Aroma, Geschmack, Erfrischung und Heilkraft versorgen, sind auch wunderschön anzusehen.

Außerdem: Alle Kräuter lassen sich nicht nur getrocknet und zerkleinert, sondern auch frisch zu einem wunderbar duftenden Tee aufgießen. Pflücken Sie doch eine Handvoll Melissenblätter, legen Sie sie in die Teekanne und brühen Sie sie auf! Mit diesem Melissentee trinken Sie die Frische der Sonne und der Pflanzenkraft pur! Die Möglichkeit für diesen Genuss haben Sie jedoch nur, wenn die Melisse bei Ihnen im Garten oder auf dem Balkon gedeihen darf.

Kräuter lassen sich auch frisch gepflückt zu aromatischem Tee aufgießen.

Oft trifft man bei Kräuterkundigen auf die Meinung, dass wildwachsende Kräuter einen höheren Gehalt an Aroma und Wirkstoffen aufweisen als im Garten gezogene. Diese Ansicht ist jedoch nur eine Vermutung.

Sie geht von der Annahme aus, dass wildwachsende und damit in hohem Maß dem Existenzkampf und der Konkurrenz durch andere Pflanzen ausgesetzte Kräuter ihre Wirkstoffe aufbauen, um bestäubende Insekten anzulocken, Pflanzenfressern den Appetit zu verderben und gegenüber pflanzlichen Konkurrenten den Lebensraum zu behaupten. Selbst wenn diese Annahme stimmt – wissenschaftliche Beweise dafür gibt es derzeit noch nicht –, muss man bedenken: Der höhere Aroma- und Wirkstoffgehalt kommt nur dann zum Tragen, wenn die Kräuter zum bestmöglichen Zeitpunkt geerntet werden. Das setzt aber deren ständige Beobachtung voraus – und diese dürfte bei wildwachsenden Kräutern im Allgemeinen mit einem unverhältnismäßig hohen Zeitaufwand verbunden sein.

Der Kräutergarten liefert Tee, Gewürze, Heilkräuter ...

... und ist auch noch von zauberhafter Schönheit!

Teekräuter im Kräutergarten

Auch im kleinsten Garten ist Platz für einen Kräutergarten. Neben den Gewürzkräutern für die Küche liefert er auch die Kräuter für den Tee. Viele Kräuter sind sogar für beides gleichermaßen wertvoll: als Gewürzkraut und für den Kräutertee!

Unzählige Quadratmeter unserer Hausgärten werden für einen – oft bis zur Nabe abgemähten – Rasen geopfert. Eine Verschwendung von Naturpotential, denn diese Mini-Monokulturen überlassen keiner einzigen Biene und keinem Schmetterling auch nur einen Tropfen Nektar. Woher sollten sie ihn auch nehmen. Für einen Kräutergarten, der eine vierköpfige Familie mit Gewürz- und Teekräutern in jeder gewünschten Vielfalt versorgt und dazu noch Schwärme von Insekten durchfüttert, reichen weniger als zehn Quadratmeter. Für Gartenbesitzer ist die Frage nach dem Kräutergarten also sicher keine Platzfrage!

Einige Punkte sind bei der Anlage dieses überaus nützlichen Fleckchens Natur zu beachten.

Denn bei aller sonstigen Bescheidenheit sind Kräuter auf viel Sonne angewiesen und brauchen – als meist recht zarte Gewächse – Schutz vor dem Wind.

Der Wind setzt die Temperatur von Luft und Boden herab, und je stärker er bläst, umso mehr Wasser muss die Pflanze abgeben. Ein Kräuterbeet sollte deshalb in Richtung Süden oder Südosten offen sein.

Der ideale Platz für ein Kräuterbeet ist direkt an der Süd- oder Südostwand des Hauses. Die Hauswand strahlt die Sonnenwärme zurück und schützt einigermaßen vor dem Wind. Kann dieser beste Platz nicht genutzt werden, gibt es eine Reihe von Alternativen. Beispielsweise die Einfassung des Beetes mit niedrigen Buchsbaumhecken. Sie bieten einen sehr guten Windschutz und verbessern das Mikroklima unmittelbar über dem Kräuterbeet. Man sollte allerdings berücksichtigen, dass Buchsbaum eine giftige Pflanze ist.

Schon seit der Anlage der Klostergärten im 8. und 9. Jahrhundert – also seit über einem Jahrtausend – ist es üblich, Beete mittels Brettern einzufassen. Das hat neben der praktischen Seite hinsichtlich der Pflegeleichtigkeit auch einen bedeutsamen klimatischen Effekt. Wie die Buchsbaumhecke bremsen die Bretter die Windgeschwindigkeit direkt über dem Beet.

Und wer anstatt der Bretter große Steine für die Einfassung seines Kräuterbeetes verwendet, bekommt zusätzlich eine Art Klimapuffer: Die Steine speichern die Sonnenwärme des Tages und geben sie während der kühlen Nacht langsam an den Boden des Beetes ab.

Das eingefasste Kräuterbeet ist eine klassische und arbeitssparende Anlage mit guten Bedingungen für die Kräuter. Aber es ist nicht die einzige mögliche Form, ein Kräuterbeet anzulegen. Gerade wegen der Schönheit der Kräuter bietet es sich geradezu an, dieser Schönheit auch einen dekorativen – und dabei trotzdem funktionellen – Rahmen zu geben. Drei grundsätzliche Möglichkeiten bieten sich dafür an: die geometrische Anlage in Kreis-, Stern- oder Kreuzform, die Kräuterspirale und der Kräuterhügel. Selbstverständlich gibt es für phantasievolle Variationen einen breiten Spielraum und nur eine Grenze: das Wohlbefinden der Kräuter.

Das klassische Kräuterbeet ist nur eine der möglichen Formen.

Für die geometrische Anlage von Kräutergärten finden wir zahlreiche Beispiele in den Klostergärten. Meist findet man dort die Kreuzform. Im Mittelpunkt des Kreuzes befindet sich ein Wasserbecken oder eine Tonne mit Regenwasser. Das hat den Vorteil, dass die Wege zum Gießen kurz sind, und gibt symbolisch dem Wasser, der Ursubstanz des Lebens, seinen Platz im Mittelpunkt des Grünens und Gedeihens. Man kann diesen Platz inmitten der Kräuter jedoch auch für einen Gartenstuhl oder eine kleine Bank nutzen. So hat man ein Plätzchen inmitten der duftenden Kräuter, umschwärmt von Bienen und Schmetterlingen — einen Ruhepol, an dem sich so richtig mit der Seele baumeln lässt! Stellt man noch einen kleinen Tisch dazu, hat man alle Voraussetzungen geschaffen, um seinen Kräutertee inmitten der Teekräuter zu genießen.

Der Kräutergarten als Ruhepol

Kräuterbeete müssen nicht groß sein. Es kommt immer auf den jeweiligen Geschmack und die persönliche Vorliebe an, wieviel von welcher Art man zieht.

Weil aber meist viele verschiedene Arten von Kräutern für Küche und Tee ihren Platz finden sollen, kann sich bei der Anlage ebener Beete doch zuweilen ein Platzproblem ergeben.

Diesem Problem kann man auf sehr ästhetische Weise mit der Kräuterspirale abhelfen. Sie bietet Platz für eine Vielzahl von Kräutern auf wenig Bodenfläche. Darüber hinaus lässt sie die Möglichkeit zu, den jeweiligen Kräutern genau jene Bodenverhältnisse anzubieten, die sie be-

Die Kräuterspirale:
nützlich und schön

vorzugen – von fett bis mager, von sumpfig-feucht bis sandig-trocken. Alle anderen Bedingungen für ein prächtiges Gedeihen der Kräuter ergeben sich dann beim Bau der Spirale fast von selbst.

Dem Wunsch ihres Bewuchses gemäß sollte für die Anlage der Kräuterspirale der sonnigste und wärmste Platz im Garten gewählt werden. Hier wird auf einer annähernd kreisrunden Fläche von etwa drei Metern Durchmesser eine flache Grube ausgehoben und mit einer dicken Schicht Kies gefüllt. Diese dient der Drainage und verhindert die von allen Kräutern verabscheute Staunässe.

Auf der Kiesschicht markiert man sodann mit großen Steinen die Spirale. In ihren Mittelpunkt kommt ein Haufen der größten: Sie dienen als Wärmespeicher. Die Spirale beginnt außen und windet sich schneckenförmig in etwa eineinhalb Umdrehungen zum Mittelpunkt.

Entlang der Steinmarkierungen wird mit Feld- oder Natursteinen die Spiralenform zu einer ansteigenden Mauer ausgebaut und der Raum innerhalb der Mauer mit verschiedenen Erdmischungen aufgefüllt.

Man beginnt außen mit lehmiger Gartenerde und Kompost im Verhältnis 50 : 50, dann folgt Erde mit etwa einem Drittelanteil Kompost, schließlich eine Mischung aus je einem Drittel Sand, Erde und Kompost.

In der Mitte sollte die Spirale etwa einen Meter hoch sein. Wer´s besonders ästhetisch mag und Kräuter ziehen will, die natürlicherweise an sumpfigen Rändern von Gewässern wachsen, kann am äußeren Ende einen kleinen Teich anlegen. Ein Meter Durchmesser ist groß genug, und der schwere, lehmige Teil der Spirale geht direkt in das Kleinbiotop über. Die Wasserverdunstung beeinflusst das Mikroklima der Kräuterspirale insgesamt sehr positiv. Wer es geschickt angeht, kann den Teich so anordnen, dass das vom Boden innerhalb der Spirale nicht aufgenommene

Regenwasser in den Teich abfließt. Für den Bau des Teiches kann man die üblichen Teichfolien verwenden. Es reicht aber auch, ein abgeschnittenes altes Fass oder eine auf entsprechende Höhe gekürzte Tonne einzugraben und im Inneren durch einige Steine zu „beleben". Den Rest erledigt dann die Natur von selbst.

Bei der Bepflanzung sollte man neben den Bodenansprüchen – die natürlich Vorrang haben – auch darauf achten, höherwachsende Pflanzen eher zum Mittelpunkt hin anzupflanzen. Die Königskerze beispielsweise, die uns ihre Blüten für einen schmackhaften und das Gemüt erheiternden Tee schenkt, wird bei besten Bedingungen an die zwei Meter hoch. Ihr Platz ist auf jeden Fall in der Mitte der Spirale. Und weil sie in der Natur vor allem auf Schotterhalden und sandigen Böschungen gedeiht, ist das auch hinsichtlich ihrer Ansprüche an den Boden der ideale Platz für sie. Die Anpflanzung der höheren Gewächse in der Mitte erleichtert jedenfalls die Pflege der Kräuter und sorgt dafür, dass auch die kleinwüchsigen Pflanzen genug Sonne bekommen.

Hohe Pflanzen haben ihren Platz zur Mitte hin.

Ein Beispiel für die gemischte Bepflanzung der Spirale mit Gewürz- und Teekräutern:

> Ganz am Anfang, beim Teich, hat die Brunnenkresse für Butterbrot und Salat ihren Platz. Sie mag´s nass. Dann folgt die Pfefferminze für den Tee sowie ansteigend bis zum Mittelpunkt Petersilie, Kerbel, Schnittlauch, Zitronenmelisse, Liebstöckel, Salbei, Ringelblume, Quendel, Lavendel, Schafgarbe, Rosmarin, Zinnkraut, Fenchel, Kümmel und Königskerze. Johanniskraut mag sehr steinigen, kargen Boden und wächst auch entlang der Steineinfassung. Beerensträucher haben in der Spirale wohl keinen Platz, obwohl deren Blätter und Früchte für den eigenen Tee nahezu unentbehrlich sind. Und Brennnesseln, Löwenzahn, Klee – diese drei muss man nicht eigens anbauen, um sie in ausreichenden Mengen verfügbar zu haben. Sie wachsen von selbst, wo – und wenn – man sie lässt.

Neben ihrer platzsparenden und ästhetischen Funktion bietet die Kräuterspirale auch den Vorteil einer mühelosen Ernte. Der Durchmesser ist gerade so groß, dass man mit ausgestreckten Armen auch noch die Kräuter im erhöhten Mittelpunkt erreichen kann. Wer sie trotzdem größer gestalten will, muss für Trittsteine innerhalb der Spirale sorgen.

Die Kräuterspirale ermöglicht eine mühelose Ernte.

Eine eher an praktischen Gesichtspunkten orientierte Sonderform des Kräuterbeetes ist der Kräuterhügel. Aber: Praktische Orientierung schließt die ästhetische Gestaltung keinesfalls aus. Schöne Gewächse wie die Kräuter fordern ja zu einer ansprechenden Gestaltung ihres Beetes heraus.

Jedenfalls hat der Kräuterhügel einen unübersehbaren Vorteil: Er trägt die Nahrungsreserven für die Kräuter schon in seinem Inneren und macht Überlegungen hinsichtlich der richtigen Düngung weitgehend überflüssig.

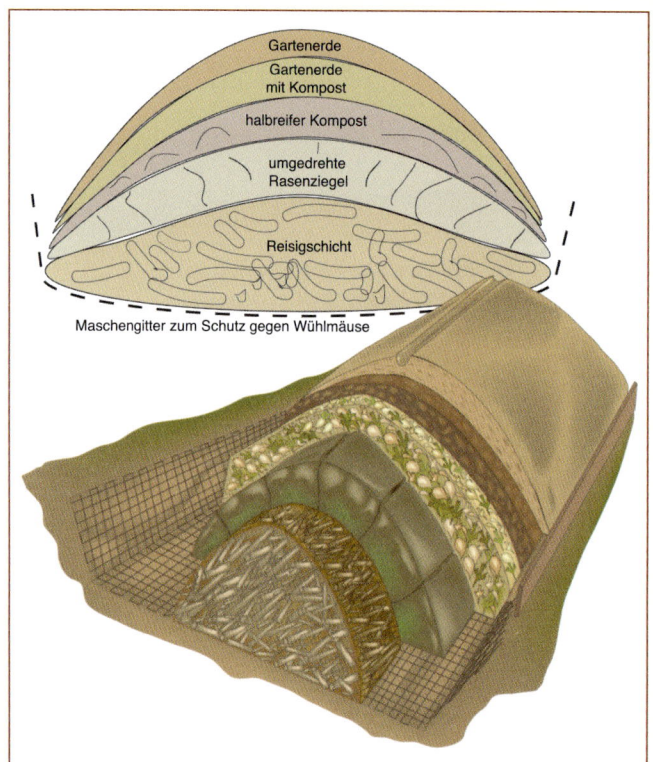

Der Kräuterhügel trägt die Nahrung für die Kräuter schon in sich.

Man baut ihn nämlich aus mehreren Schichten auf. Das Innerste des Kräuterhügels besteht aus Reisig, das auch einige gröbere Äste enthalten darf. Diese Reisigschicht wird mit umgedrehten Rasenziegeln bedeckt. Darüber kommt eine Schicht aus groben Pflanzenabfällen und halbreifem Kompost. Schließlich bedeckt man den Hügel mit einer dicken Schicht feiner Gartenerde, der man auch etwas gut ausgereiften Kompost beimengen kann.

Als Form für die Anlage des Hügelbeetes bietet sich jede zwischen kreisrund und langgestrecktem Oval an. Eine Sonderform ist das Bankbeet. Dabei fallen die Seiten nicht allmählich bis zum Bodenniveau ab, sondern sind mit einer Wand aus Rundholz, Balken oder Natursteinen eingefasst. Ein „großes Kräuterkisterl" sozusagen, beispielsweise mit einem Meter Breite und etwa drei Metern Länge. Die Größe, vor allem die Länge, ist von den individuellen Bedürfnissen und der Menge der gepflanzten Kräuterarten abhängig.

Aussaat, Pflanzung und Pflege

Um zu den Jungpflanzen zu kommen, die im Kräutergarten – oder auch in der Topfkultur, davon wird noch die Rede sein! – gedeihen sollen, gibt es zwei Möglichkeiten: die Anzucht aus den Samen oder den Kauf von Jungpflanzen. Welche Wahl man trifft, wird von den zeitlichen Möglichkeiten, der gärtnerischen Erfahrung und auch von den räumlichen Gegebenheiten abhängen.

Manche Kräuter lassen sich ganz einfach und ohne viel Zutun aus den Samen ziehen. Man kann sie in Saatschalen, einfachen Kistchen aus Brettern, Obststeigen oder ähnlichen flachen Behältern vorkultivieren. Der Behälter wird mit sandiger, aber humusreicher Erde gefüllt, glatt angedrückt, gewässert und dünn besät. Dann siebt man feinen Sand oder Substrat darüber und drückt das Ganze fest. Abschließend wird der Behälter mit Folie abgedeckt, damit für den Keimprozess eine gleichmäßige Feuchtigkeit gewährleistet ist. Sobald sich die ersten Pflänzchen zeigen, nimmt man die Folie weg, und wenn die ersten Blättchen hervorsprießen, ist es Zeit, die Sämlinge zu pikieren.

Die Jungpflanzen kann man später in Blumentöpfe setzen und von dort in das Kräuterbeet oder direkt vom Saatbehälter in das Beet.

Abdecken mit Folie gewährleistet gleichmäßige Feuchtigkeit.

Allerdings darf man eines keinesfalls vergessen: Die zarten Pflänzchen müssen „abgehärtet" werden, bevor man sie in das Leben im Beet entlässt, das heißt, sie müssen sich an das Klima gewöhnen, und dazu stellt man sie im Behälter tagsüber an eine schattige Stelle im Garten. Der Sonne dürfen sie keinesfalls ausgesetzt werden!

Manche Kräuter können direkt in das Beet gesät werden. Das kann geschehen, sobald der Boden genügend abgetrocknet und kein Nachtfrost mehr zu befürchten ist. Die Saat sollte aber trotzdem mit Folie geschützt werden.

Die Samen werden üblicherweise doppelt so tief in den Boden gesteckt wie sie dick sind. Besser noch ist es, sie einfach über das Beet zu verteilen und mit feinem Sand abzudecken. Ja, und weil Frühsaaten eine gute Adresse für Nacktschnecken sind: Ein Schneckenzaun um das Saatbeet bewahrt die aufgehenden Sämlinge davor, sofort von den roten Schleimern vernascht zu werden.

Bei der Aussaat direkt ins Beet und dem Setzen von Jungpflanzen muss der jeweilige Pflanzabstand beachtet werden. Es liegt in der Natur der Kräuter, zu wachsen, und das tun sie oft kräftiger, als man dem kleinen Pflänzchen zutrauen möchte: in die Höhe wie in die Breite. Die Minze beispielsweise ist geradezu berüchtigt für ihr Wachstumspotential, was jedoch für Liebhaber von gartenfrischem Pfefferminztee kein Nachteil ist.

Wie alle Pflanzen, brauchen auch die Teekräuter Wasser. Während der gesamten Zeit ihres Gedeihens – und nicht nur schlussendlich beim Aufguss in der Teekanne. Ideal zum Gießen der Kräuter ist die gute alte Gießkanne, gefüllt mit abgestandenem Regenwasser. Eine Tonne unter dem Ablaufrohr der Regenrinne füllt sich bei jedem Regen von selbst wieder

Manche Kräuter kann man direkt in das Beet säen.

auf. In der Nähe von Ballungszentren mit ihren Abgaswolken ist das Regenwasser zwar meist „sauer". Für die Kräuter trotzdem bekömmlich wird es, wenn man den Boden der Regenwassertonne mit Kalksteinen bedeckt oder das Wasser vor der Entnahme durch ein Gefäß mit Kalksteingrieß leitet.

Grundsatz

Am wenigsten mögen die oft recht zart gebauten Kräuter einen Schwall kalten Leitungswassers aus dem Gartenschlauch.

All das, was unsere Teekräuter wertvoll und schmackhaft macht – ihre ätherischen Öle und Bitterstoffe, die Alkaloide und die Gerbstoffe, Vitamine und Mineralstoffe – bilden sie dann besonders, wenn sie die Grundsubstanzen dafür einem mageren Boden abringen müssen. Deshalb sollte man im Kräuterbeet sparsam mit dem Dünger umgehen. Guter reifer Kompost, im Herbst in einer etwa zentimeterdicken Schicht aufgetragen, ist eine ausreichende Düngung für die meisten Kräuter. Nur sehr starkwüchsige Teekräuter, wie etwa Minze oder Melisse, kann man Anfang Juli mit einem Guss Brennnesseljauche verwöhnen.

Die Brennnesseljauche ist ein äußerst wertvoller biologischer Dünger. Für alles, was im Garten gedeihen soll – und für den Kräutergarten ohnehin. Sie lässt sich auf einfache Weise herstellen: Etwa 200 Gramm junge frische Brennnesselblätter werden in ein entsprechend großes Gefäß gegeben und dieses mit zehn Litern Regenwasser aufgefüllt. Das Jauchegefäß wird locker, beispielsweise mit einem Brett, abgedeckt. Die Jauche muss ausreichend Luft bekommen. Einmal täglich rührt man sie mit einem Holzstück kräftig um. So bekommen auch die unteren Schichten den nötigen Sauerstoff, und das fördert die Verrottung. Falls die Jauche nach einigen Tagen heftig zu riechen beginnt und man den Geruch nicht mag, kann man ihn durch die Beigabe einer Handvoll reifen Komposts oder Steinmehls dämpfen. Ganz vermeiden lässt sich der Geruch nicht. Denn guter Dünger stinkt, das liegt in der Natur der Sache. Die Brennnesseljauche ist fertig, sobald sich an ihrer Oberfläche kein Schaum mehr bildet. Je nach Temperatur kann das zwischen zehn Tagen und vier Wochen dauern.

Zum Gebrauch wird die Brennnesseljauche mit zehn Teilen Wasser verdünnt. Aus dem Ansatz von zehn Li-

Brennnesseljauche ist ein wertvoller Biodünger.

tern erhält man also 110 Liter gebrauchsfertigen „Flüssigdünger". Gegossen wird mit der Gießkanne, und zwar immer nur auf den Boden rund um die Kräuter, nicht auf die Kräuter selbst.

Vom Düngen ist es nur ein Schritt zur Frage nach dem Pflanzenschutz für unsere Teekräuter. Sie sind keine so hochkultivierten Gewächse, dass sie sich nicht in den meisten Fällen selbst schützen könnten. Sollten sie trotzdem manchmal Schutz brauchen, kommt selbstverständlich nur natürlicher Pflanzenschutz in Frage. Wir wollen aus den Kräutern schließlich Kräutertee bereiten und keinen Chemiecocktail. Nebenbei bemerkt, ist der natürliche Pflanzenschutz immer noch der wirkungsvollste. Der gesündeste für Pflanze, Mensch, Tier und Umwelt ist er ohnedies.

Hinsichtlich der Schädlinge, von welchen unsere Kräuter manchmal heimgesucht werden, ist die Förderung von deren natürlichen Fressfeinden der beste Pflanzenschutz. Wir sprechen von „Nützlingen" – obwohl die Unterteilung in Schädlinge und Nützlinge sehr subjektiv von unserem Standpunkt aus erfolgt.

> Ein Schädling ist, grob gesagt, wer Appetit auf den Salat zeigt, den ich angepflanzt habe und selber auf dem Teller haben will. Nützling ist, wer den frisst, der mir was wegfressen will.

Brennnessel: Nicht nur für Entschlackungstee, sondern auch für den Dünger!

Oft unterschätzt in ihrer Nützlichkeit für den Garten werden die Ameisen. Sie sind die Müllabfuhr eines naturnahen Gartens, entsorgen Pflanzenreste, Larven und sogar Kadaver von Vögeln und Mäusen. Auch die Blattwanzen sind nicht die Schädlinge, als die sie viele Gärtner sehen. Sie fressen nämlich die Blattläuse und deren Eier. Die Larven der Florfliege ernähren sich überhaupt nur von Blattläusen, weshalb man sie „Blattlauslöwen" nennt. Eine Bezeichnung, die auch Marienkäfer und ihre Larven verdienten: Sie fressen Blattläuse und deren Eier und dazu noch Blattflöhe und alle Arten von Milben. Bis zu zehn solcher Insekten verschlingt eine einzige Marienkäferlarve pro Tag! Dafür verdient sie, dass man in einem Eckchen des Gartens einige Quadratmeter einer wild wuchernden Brennnessellandschaft überlässt. Die brauchen die Marienkäfer nämlich als Lebensraum. Außerdem brauchen wir selbst die frischen jungen Brennnesselblätter für unseren Kräutertee.

Die gefürchteten und auf vielerlei Art bekämpften Nacktschnecken haben eine Reihe von natürlichen

Fressfeinden. Lässt man deren Vermehrung in einem vernünftigen Maß zu, braucht man sich über jene der Nacktschnecken keine Gedanken zu machen. Zu den fleißigsten Schneckenfressern gehören die Frösche und Kröten. Sagenhaft, was die Familie Froschlurch an Schnecken, Schneckeneiern und Larven vertilgen kann! Damit Frösche und Kröten im Garten heimisch werden, brauchen sie allerdings einen kleinen Teich. Sie leben zwar meist an Land, ihr Laich entwickelt sich aber im Wasser. Daneben brauchen sie auch Unterschlupfmöglichkeiten, beispielsweise ein Häufchen langsam dahinmoderndes Holz. Ein geringer Aufwand für den Gartenbesitzer im Vergleich zur immensen Nützlichkeit dieser Gartenmitbenützer!

Wer Frösche im Garten hat, hat keine Nacktschnecken.

Auch die Igel sind hinter den Schnecken her, und genauso wie Frösche und Kröten brauchen sie eine Wasserstelle und einen Unterschlupf. Außerdem einen nicht zu kleinen Haufen aus Steinen, Reisig und Laub, wo sie überwintern können. Was die Igel sicher nicht brauchen, ist die Schale Milch, die Ihnen von wohlmeinenden Gartenbesitzern manchmal hingestellt wird. Von Milch bekommen die Igel nämlich heftigen Durchfall.

Wer in seinem Garten nicht gar zu pingelig auf sogenannte „Ordnung" schaut, sondern auch die Natur zu ihrem Recht und damit eine Vielzahl von Nützlingen zu Lebensraum kommen lässt, hat jede Menge Helfer, neben den genannten noch Schwebfliegen, Ohrwürmer, Blindschleichen, Spitzmäuse, Schlupfwespen – die Liste ließe sich noch seitenlang fortsetzen.

Alle diese Mitbewohner des Gartens sind unermüdliche Helfer des Gärtners, machen die chemische Keule überflüssig und den Garten zu einem lebendigen Stück Natur.

Gegen Pilze und Bakterien hilft den Teekräutern Kräutertee!

Sollten die Kräuter von Pilzen oder Bakterien befallen werden, hilft Kräutertee! Er ist ein natürliches Spritzmittel, muss jedoch etwas konzentrierter sein als jener für unsere Tasse, den uns die gespritzten Kräuter liefern sollen. Gegen Mehltau und Pilz ist das Gießen der befallenen Kräuter mit Schachtelhalmtee ein bewährtes und wirkungsvolles Mittel. Für 10 Liter Schachtelhalmabsud übergießt man etwa 200 Gramm Schachtelhalmkraut mit der entsprechenden Menge Wasser und lässt den Ansatz einen Tag ziehen. Dann kocht man ihn auf, lässt ihn eine halbe Stunde auf kleiner Flamme weiterköcheln, abkühlen – und fertig ist der Kräutertee für die Teekräuter! Die Pflanzen werden damit als Ganzes begossen, am besten gegen Abend, wenn die Sonne schon tief steht. Der Tee wird dazu nicht weiter verdünnt.

Nach diesem Rezept lassen sich auch „Tees" aus Krenblättern (Meerrettichblättern) gegen *Monilia* und bakterielle Erkrankungen der Kräuter,

gegen Läuse aus Rhabarberblättern, gegen Kohlweißlinge aus Tomaten-
blättern und aus Farnkraut gegen Blattläuse herstellen.

Der Balkon als Teekräutergarten

Nicht jeder, der seine Teekräuter selbst ziehen will, hat dafür einen geeigneten Garten. Das muss auch nicht sein. Viele der begehrten Kräuter
wachsen auch in der Topfkultur auf dem Balkon, manche sogar im Blumentopf auf dem Fensterbrett. Was für Küchenkräuter wie Schnittlauch,
Petersilie oder Kresse schon längst üblich ist, ist auch für Teekräuter
möglich. Die gegenüber der Gartenkultur eingeschränkte Wasser- und
Nährstoffversorgung lässt sich durch entsprechende Pflege wettmachen.
Außerdem sind die Teekräuter nicht nur nützlich, sondern auch eine
prachtvolle und interessante Zierde für Fensterbank oder Balkon.

Auch am Balkon lassen sich Teekräuter kultivieren

> Je nach Platzbedarf der Kräuter – und vor allem ihrer Wurzeln –
> sind neben Blumentöpfen in entsprechender Größe auch tiefe Blu-
> menschalen, alte Tröge und Balkonblumenkästen für die Topfkultur
> der Teekräuter geeignet.

Die Gefäße müssen im Boden über Abflusslöcher verfügen, damit keine
Staunässe auftreten kann. Über die Löcher legt man Tonscherben und

Viele Kräuter gedeihen auch im Topf!

deckt sie mit einer Schicht grobem
Sand ab, bevor man das Gefäß bis
etwa zwei Zentimeter unter den Rand
mit Erde füllt. Die Erde sollte nicht zu
fett sein. Eine bewährte Lebensgrundlage für Kräuter im Topf ist Blumenerde, mit etwas Sand vermischt.

Kräuter in der Topfkultur brauchen
etwas mehr Dünger als jene im Garten.
Nach dem Anwachsen der Pflanzen
sollte man im Abstand von etwa vier
Wochen mit Brennnesseljauche oder
einer Jauche aus reifem Kompost düngen. Natürlich kann man auch han-
delsübliche mineralische Düngemittel
verwenden. Einjährigen Kräutern kann
man ihren Topf als Dauerquartier belassen, mehrjährige müssen von Zeit zu
Zeit umgetopft werden.

Für Anfänger in der Topf-Kräuter-
gärtnerei bieten sich einige beson-

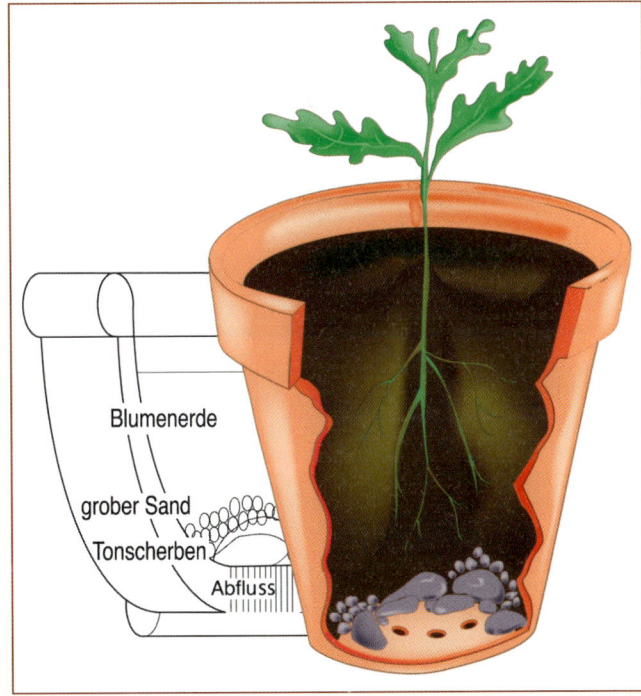

Blumenerde

grober Sand

Tonscherben

Abfluss

ders wuchsfreudige und unproblematische Teekräuter an: Fenchel, Zitronenmelisse, Quendel, Salbei und auch Pfefferminze, wenn man deren Platzbedarf berücksichtigt.

Wie alle Kräuter, benötigen auch jene im Topf soviel Sonne wie möglich. Auf dem Balkon brauchen sie außerdem einen Windschutz, entweder durch ein Flechtgerüst oder auch durch größere Kübelpflanzen. An Hausecken und selbst am Balkongeländer verwirbeln die Luftströmungen, und diese Turbulenzen können die Kräuter unnötig belasten.

Bis auf diese wenigen Punkte, die man bei der Topfkultur von Teekräutern besonders beachten muss, gibt es gegenüber der Kräuterkultur im Garten kaum Unterschiede.

Genuss für alle Sinne: der Kräutergarten

So wird das Kraut zum Tee

Ernten, trocknen, aufbewahren

Fermentieren: schwarzer Tee aus grünen Blättern

Wer die Kräuter für seinen Tee selbst zieht, egal ob im Garten, auf dem Balkon oder dem Fensterbrett, hat einen immensen Vorteil. So kann man sie nämlich auch frisch für den Tee verwenden. Kräutertee aus Pfefferminzblättern, die erst wenige Minuten vor dem Aufgießen gepflückt wurden – das ist ein Geschmackserlebnis von ganz besonderer Art. Wer die Minze immer verfügbar hat, kann sich diesen Genuss täglich gönnen, denn die sagenhafte Wuchsfreudigkeit der Minze sorgt dafür, dass immer genug frische junge Blätter auf die Verwendung warten. Und das gilt nicht nur für die Minze, sondern für viele der Teekräuter in Garten- oder Topfkultur.

> Von der Dosierung her darf man bei frischen Kräutern durchaus großzügiger sein. Sie enthalten zwar Aroma und Wirkstoffe in höherem Ausmaß als getrocknete Teekräuter, aber auch einen hohen Anteil Wasser.

Ihr Volumen liegt meist beim drei- bis vierfachen getrockneter Kräuter. Deshalb braucht man von den frischgepflückten Kräutern mehr, um das gewünschte Maß an „Stärke" des Tees zu erreichen.

Aber bei aller Begeisterung für den „frischen" Tee: Wer Teekräuter zieht, will sie auch trocknen. Nicht nur, weil man sie so das ganze Jahr über für den Teegenuss verfügbar hat. Vor allem auch, weil die Mischung von mehreren Kräutern miteinander oder von Kräutern mit Früchten nur mit getrockneten und entsprechend zerkleinerten Kräutern Sinn macht.

So kann man eigene Teemischungen kreieren, die haargenau dem persönlichen Geschmack entsprechen und die man immer wieder nach einem einmal ausprobierten Rezept herstellen kann.

Ernten, trocknen, aufbewahren

Die getrockneten Teekräuter sind dann möglichst reich an Aroma- und Wirkstoffen, wenn zwei Faktoren zusammentreffen: maximaler Gehalt in den geernteten Kräutern und minimaler Verlust beim Trocknen.

Blüten sind am wirkstoffreichsten, wenn sie gerade voll erblüht sind. Nur dann sind ihre Zellen mit dem ätherischen Öl gefüllt, das unserem Tee einen wesentlichen Teil seines Aromas gibt. Die Knospen enthalten noch keine Aromastoffe – sie duften auch nicht! – und bei den bereits verblühten Pflanzen sind die ätherischen Öle verdunstet.

Blüten sind am reichsten an Aroma, wenn sie gerade voll erblüht sind.

Die beste Tageszeit für das Pflücken von Blüten richtet sich nach der Art der Pflanze.

> Die meisten Blüten duften in der prallen Mittagssonne am stärksten, also wird man sie am späten Vormittag pflücken.

Zu diesem Zeitpunkt ist der Tau völlig aus den Blütenkelchen verdunstet, aber der Höhepunkt der Verdunstung der ätherischen Öle in der Mittagshitze noch nicht erreicht.

Was an früherer Stelle über die Ernte von Wildkräutern gesagt wurde, gilt auch für jene im eigenen Garten: Es soll trockene Witterung herrschen, die Ernte sollte am späteren Vormittag erfolgen, und wenn man's einrichten kann, im zweiten Viertel des Mondes. Also in der Woche vor Vollmond und bis zum Vollmond selbst. Im zunehmenden Mond „steigt in den Pflanzen alles auf", wie die Kräuterkundigen sagen. Eine alte Weisheit, die von den Botanikern längst wissenschaftlich bestätigt wurde. Mit dem erhöhten Wassergehalt ist klarerweise auch eine stärkere Konzentration aller vom Wasser in der Pflanze transportierten Inhaltsstoffe verbunden. Das Kraut erscheint bei Vollmond und knapp davor „praller" als in der übrigen Zeit.

Voller Mond und trockenes Wetter, die ideale Erntezeit!

Selbstverständlich ist das die beste Zeit für die Ernte, und die geernteten Kräuter haben dann die besten Voraussetzungen für die Trocknung.

Ideal ist ein eigener Raum, in dem die Kräuter getrocknet werden können. Der Dachboden ist dafür bei weitem nicht der schlechteste Ort. Hier kann man auf einfache Weise Trockenflächen schaffen, indem man Regale mit tiefen Fachbrettern aufstellt. Die Bretter werden mit Pack-

Kräuterbüschel werden kopfüber zum Trocknen aufgehängt.

papier oder, wegen der Saugfähigkeit noch besser, mit Küchenkrepp belegt. Zwischen den einzelnen Fächern sollte man einen Abstand von mindestens 30 Zentimetern lassen, damit man die trocknenden Kräuter ohne besondere Umstände wenden kann.

Bei kleineren Mengen kann man zum Trocknen einfache Obststeigen aus Holz verwenden. Man legt sie mit Küchenkrepp aus und kann mehrere übereinanderstapeln.

> Der Raum, in dem die Kräuter getrocknet werden, sollte mindestens ein Fenster haben. Gute Belüftung ist für die Trocknung unabdingbar. Keinesfalls sollte durch dieses Fenster aber direktes Sonnenlicht auf die Kräuter fallen.

Das Sonnenlicht dörrt die Pflanzen nämlich aus, statt sie zu trocknen, und beraubt sie so ihrer besten Eigenschaften. Ein Fenstervorhang schafft in so einem Fall Abhilfe. Und wenn bei feuchtwarmem Wetter die Luft am Dachboden „steht" und selbst das Fenster zur Belüftung nicht ausreicht – ein kleiner Ventilator sorgt für die nötige Luftzirkulation. Sein Luftzug sollte jedoch nicht direkt auf die trocknenden Pflanzen treffen und keinesfalls dazu führen, dass sie sich im Luftzug bewegen.

Blüten und Kräuter sollten während der Trocknung mehrmals, am besten täglich, gewendet werden. So erfolgt die Trocknung rasch und gleichmäßig. Nach etwa einer Woche bis zu zehn Tagen sind auch großflächige Blütenblätter und Kräuter völlig durchgetrocknet.

Für die meisten Pflanzen mit aromatischen Blättern – besonders aber Lavendel, Pfefferminze, Melisse und Rosmarin – empfiehlt sich die Trocknung in freihängenden kleinen Büscheln.

Sie sind dann völlig trocken, wenn sich die Stängel zwischen den Handflächen zerreiben lassen. Dient als Trockenraum der Dachboden, ist es zweckmäßig, einen starken Draht oder ein dünnes Drahtseil quer durch den Raum zu spannen und die Büschel daran aufzuhängen. Natürlich tut's eine Wäscheleine genauso.

Im Garten werden Minze und Melisse im Herbst abgeerntet. Einige Tage vor der Ernte sollte Schönwetter herrschen, dann sind diese begehrten Teekräuter durch und durch abgetrocknet und haben ihren höchsten Aromagehalt erreicht. Werden sie in diesem Zustand sorgfältig getrocknet, bewahren sie ihr Aroma jahrelang. Mit dem Abernten sollten Sie sich aber nicht zuviel Zeit lassen. Vor dem Verdorren im Herbst gehen die flüchtigen Öle nämlich sehr rasch zur Basis der Pflanze zurück. Andererseits sind einige Tage Schönwetter vor der Ernte unabdingbar, um cinc Schimmelbildung während der hängenden Trocknung der Büschel auszuschließen.

Kräuter sind völlig trocken, wenn man die Stängel zwischen den Handflächen zerreiben kann.

Durch Schimmel geht nicht nur jedes Aroma verloren – die Kräuter werden für jede Verwendung unbrauchbar.

Nach dem Trocknen müssen die Kräuter bis zum Gebrauch gelagert werden, und zwar richtig gelagert, damit die durch das sorgfältige Trocknen erreichte Qualität auch über längere Zeit erhalten bleibt. Früher galt unter den Kräuterkundigen die Regel, getrocknete Kräuter nur ein Jahr lang aufzubewahren – von einem Sommer bis zum nächsten. Es gab die alte Tradition, die nicht verbrauchten Kräuter des Vorjahres im Sonnwendfeuer zu verbrennen. Nach der Sommersonnenwende wurde dann begonnen, frische Kräuter zu sammeln und zu trocknen.

Es gibt keinen logischen Grund, von dieser alten Regel abzuweichen. Zwar können die meisten Kräuter auch zwei Jahre lang gelagert werden, ohne den größten Teil an Aroma und Wirkstoffen zu verlieren. Aber die Natur bietet uns jedes Jahr frische Kräuter. Also nehmen wir das Angebot an und trocknen so viel, wie wir in einem Jahr voraussichtlich brauchen werden.

Was den getrockneten Kräutern am meisten schadet und wovor sie die Art der Lagerung unbedingt bewahren muss, sind Wärme, Licht und Feuchtigkeit.

Werden getrocknete Kräuter feucht, und sei es in noch so geringem Ausmaß, beginnen sie zu schimmeln. Dadurch bilden sich einerseits Pilzsporen, die durchwegs gesundheitsschädlich sind. Andererseits verlieren die Kräuter durch den Schimmel jedes Aroma. Sind Kräuter einmal feucht geworden, sollte man sie nicht nachtrocknen, sondern wegwerfen. Die Schimmelbildung wird durch das Nachtrocknen zwar gestoppt, die Sporen bleiben jedoch an den Kräutern.

Feuchtigkeit ist der Feind getrockneter Kräuter.

Kräuter sollten auf jeden Fall kühl, dunkel und trocken gelagert werden. Säckchen aus braunem Papier sind eine gute Lösung, auch feste Schachteln aus Karton mit einem gut sitzenden Deckel sind geeignet. Am besten sind gut verschließbare Gefäße aus Steingut. Plastikdosen sind ungeeignet, Kunststoffsäckchen ebenso.

Für die Lagerung sollten die Teekräuter noch nicht zerkleinert werden. Getrocknete Blätter von Minze, Melisse oder Beerensträuchern kann man als ganze Blätter einlagern und erst vor dem Zubereiten einer Teemischung und/oder dem Umfüllen in die Weißblech-Teedose zerbröseln.

> Je weniger zerteilt das Blatt während der Lagerung ist, umso weniger offene Berührungsflächen mit der Luft hat es – und umso weniger an Aroma kann es damit an die Luft abgeben.

Teekräuter erst vor Gebrauch zerkleinern!

Kräuter, die in Büscheln hängend getrocknet werden und kleinere Blätter haben, kann man auch gleich in Büscheln in die Lagerbehältnisse schlichten. Auch getrocknete Blüten – beispielsweise die Blütenköpfe von Ringelblume und Löwenzahn – werden im ganzen gelagert.

Aus dem kühlen, trockenen und dunklen Raum, der als Vorratslager für die Teekräuter dient, kommen immer nur jene Mengen in die Teedose in der Küche, die man in absehbarer Zeit verbrauchen wird. Die Teedose, traditionell aus Weißblech gefertigt und meistens mit schönen Motiven bemalt oder bedruckt, sieht schön aus und hat den Stil, der zum Tee passt. Darüber hinaus hat sie natürlich ihre Funktion: Dichtschließend, geruchsneutral, dunkel und trocken wird der gebrauchsfertig zerkleinerte Kräutertee oder die Mischung verschiedener Kräuter bzw. Kräuter und Früchte für den individuellen „Haustee" gelagert. In vielen Familien, die ihren Tee selbst ernten, trocknen und mischen, gibt es mehrere Teedosen mit verschiedenen Mischungen. So hat jedes Familienmitglied seinen Lieblingstee ständig zur Hand. Außerdem kann man einen anregenden Tee für den Morgen und einen entspannenden für den Abend im voraus mischen.

Fermentieren: Schwarzer Tee aus grünen Blättern

Dunkle Farbe und würziges Aroma – das waren beim Tee aus den Blättern der Teesträucher jene Fakten, die ihn rasch zum beliebten Getränk machten. Für den grünen Tee, wie er in China und Japan Tradition ist, konnten sich die Europäer nicht so begeistern wie für den schwarzen. Heute erlebt der grüne Tee allerdings eine Renaissance, gerade in Europa. Man weiß seine Inhaltsstoffe zu schätzen, den dezenten Geschmack und die sanft anregende Wirkung. Im 18. und 19. Jahrhundert konnte man damit nicht viel anfangen und setzte alles daran, an den schwarzen Tee zu kommen. Er passte zu den europäischen Süßigkeiten, und diese gehörten zur Teestunde wie der Tee selbst.

Schwarztee passt zu süßem Gebäck.

Schwarzer Tee ist hocharomatisch, enthält Koffein und ist für viele begeisterte Teetrinker der Tee schlechthin. Allerdings hat der schwarze Tee auch seine Nachteile.

Neben dem Koffeingehalt gehört dazu der Umstand, dass der regelmäßige Genuss größerer Mengen schwarzen Tees dem Körper Eisen entzieht.

Manche reagieren auf schwarzen Tee mit Sodbrennen. Bei Schilddrüsenüberfunktion ist schwarzer Tee sogar ärztlich untersagt. Und für Kinder ist schwarzer Tee ein zu starkes Getränk.

Alle diese Gründe, die gegen den „klassischen" schwarzen Tee aus den fermentierten Blättern des Teestrauchs sprechen, sind jedoch kein Grund, auf den Genuss des aromatischen Getränks zu verzichten. Ganz im Gegenteil: Sie sind das beste Argument dafür, hocharomatischen, betörend duftenden schwarzen Tee selbst herzustellen – aus Brombeerblättern!

Tee aus getrockneten Brombeerblättern ist ein „grüner" Tee. Lässt man die Blätter fermentieren – und das geschieht genau nach dem gleichen Prinzip wie bei den Blättern des Teestrauchs –, erhält man „schwarzen" Tee. Natürlich kann man anstatt der Brombeerblätter auch die Blätter anderer Beerensträucher verwenden. Jene der Erdbeeren, Himbeeren und der Schwarzen Johannisbeeren lassen sich genauso fermentieren. Der schwarze Tee aus Brombeerblättern kommt jedoch in Aroma und Geschmack einem „echten" schwarzen Tee von sehr guter Qualität am nächsten.

Wie die Fermentation der Teeblätter zu erreichen ist – dieses Wissen war bis gegen Mitte des vorigen Jahrhunderts ein eifersüchtig gehütetes Geheimnis. Erst durch die Engländer und die Spionage des Botanikers Robert Fortune gelangte dieses Wissen in die westliche Welt. Das Verfahren ist derart einfach, dass man sich allen Ernstes fragen muss, wieso die Engländer nicht von selbst darauf kamen. Und es bestätigt eine alte Binsenweisheit: Alle wirklich wichtigen Dinge sind einfach. Deshalb hat sich in den klassischen Teeanbauländern das Verfahren der Fermentation selbst nicht verändert – es wurde bloß durch den Einsatz von Maschinen rationalisiert.

Alle wirklich wichtigen Dinge sind einfach, auch die Fermentation!

> Die vier Schritte sind heute wie vor tausend Jahren: **Anwelken – Rollen – Fermentation – Trocknen.**

Der erste Schritt, das **Anwelken**, geschieht ganz von selbst, wenn man die Teeblätter an einem warmen Ort etwa einen Tag ausgebreitet liegen lässt. Beim anschließenden **Rollen** werden die Blätter „zerknittert", das heißt, ihre Oberfläche aufgebrochen. So können sich die Zellsäfte mit dem Sauerstoff der Luft verbinden. Das – und eine hohe Luftfeuchtigkeit bzw. ein Befeuchten der Blätter – ist die Voraussetzung für die anschließende **Fermentation**, eine Art Gärung der Zellsäfte. Sie erfolgt ganz ohne Zutun und dauert beim „echten" Tee nur einige Stunden. Das Aroma des Tees ist in höchstem Maß vom Grad der Fermentation abhängig.

Die Fermentation braucht Feuchtigkeit und Wärme.

> Je weiter fortgeschritten die Fermentation ist, bevor sie durch rasches Trocknen im Warmluftstrom abgebrochen wird, umso kräftiger wird der Tee.

Wenn wir unsere Brombeerblätter zu „schwarzem Tee" fermentieren, können wir uns im Wesentlichen an die vier Schritte des klassischen Fermentationsverfahrens halten. Beim Sammeln der Brombeerblätter sollte man die kleineren bevorzugen, aber die ganz jungen, noch hellgrünen Blätter lieber für den grünen Brombeerblättertee verwenden. Die Blätter sollen bereits die charakteristische Steifigkeit aufweisen. Das zeigt, dass sie genug Gerbstoffe für die Fermentation enthalten. Bei ganz jungen Blättern, die noch ganz zart und weich sind, ist das nicht der Fall.

Nach dem Sammeln sollen die Blätter (Abb. 1) etwa einen Tag lang anwelken (Abb. 2). Dann werden sie „gerollt" (Abb. 3), das heißt, mit den Händen etwas zerknittert, damit die harte obere Schicht der Blätter aufbricht. Für die Fermentation (Abb. 4) selbst sind nun zwei Voraussetzungen nötig: Feuchtigkeit und Wärme. Man kann die zerknitterten Blätter befeuchten, indem man sie einfach mit Wasser besprüht. Dazu sollte man einen Zerstäuber nehmen, damit die Blätter zwar durchgehend feucht, aber nicht tropfnass sind. Eine andere Möglichkeit ist, einen großen Topf mit Wasser zum Kochen zu bringen, die Blätter lose in ein Nudelsieb zu geben und in den aufsteigenden Dampf zu halten. Der Abstand muss allerdings groß genug sein. Zu heißer Dampf könnte nämlich jene Enzyme, die für die Fermentation nötig sind, zerstören.

Faustregel

Wenn der Dampf für Ihre Hand nicht zu heiß ist, halten ihn auch die Enzyme der Brombeerblätter aus.

1 Ernten
2 Anwelken
3 Rollen
4 Befeuchten
5 Fermentation
6 Trocknen
7 Grob zerkleinern

Die feuchten, zerknitterten Blätter werden nun in einen geeigneten Topf geschüttet (Abb. 5). Geeignet muss er hinsichtlich des Materials sein: keinesfalls Metall, auch nicht Edelstahl; zur Not ein emaillierter Topf; aber ideal ist einer aus Steingut. Wo immer Ihnen ein Steinguttopf unterkommt, trachten Sie, ihn zu erwerben. Denn das ist der Topf, in dem die Fermentation Ihrer Brombeerblätter garantiert gelingt.

Sind die Blätter in den Topf geschlichtet, deckt man ihn mit einem Teller möglichst luftdicht ab. Den Teller sollte man unbedingt mit einem großen Stein beschweren. Die Fermentation entspricht einem Gärungsvorgang, und wie bei diesem entsteht im Gefäß ein beachtlicher Gasdruck.

> Für die Fermentation ist eine annähernd konstante Wärme von etwa 30 Grad Celsius nötig.

Diese Voraussetzung findet man im Heizungskeller, im Sommer aber sicher auch auf dem Dachboden. Nach etwa drei Tagen ist die Fermentation abgeschlossen. Nehmen Sie den Stein vom Teller und den Teller vom Topf – Sie werden staunen, wie intensiv und aromatisch die Blätter nach Tee duften!

Unmittelbar nach dem Öffnen des Topfes breitet man die nun deutlich dunkler gefärbten Brombeerblätter auf Küchenkrepp zum Trocknen aus (Abb. 6). Das Trocknen erfolgt nun auf die übliche Weise, wie bei allen anderen Kräutertees.

Wer nicht unbedingt einen Geschmack erreichen will, der dem „echten" schwarzen Tee möglichst nahekommt, hat mit der Fermentation eine unerschöpfliche Möglichkeit für Experimente. Aromatisch duftende und würzig schmeckende Tees mit ganz besonderem Charakter, die durchaus vom Üblichen und Gewohnten abweichen, können Sie durch die Fermentation von Zitronenmelisse, Pfefferminze und sogar von Brennnesselblättern kreieren.

Fermentieren: Vier Schritte vom grünen Blatt zum schwarzen Tee

1. Welken
Nach dem Pflücken breitet man die Blätter auf einer ebenen Fläche aus und lässt sie etwa einen Tag lang anwelken.

2. Rollen
Mit der bloßen Hand oder mit Hilfe eines Walkholzes wird die Oberfläche der Blätter aufgebrochen.

3. Fermentation
30° C
In Feuchtigkeit und Wärme reagieren die beim Rollen ausgetretenen Zellsäfte mit der Luft.

4. Trocknen
Den Blättern wird alle Feuchtigkeit entzogen. Erst jetzt bekommen sie ihre dunkle Farbe.

Früchte für den Tee

Früchte für den Tee – das bedeutet eine Vielfalt an Genuss. Manche Früchte lassen sich nach dem Trocknen mit kochendem Wasser aufgießen und ergeben ganz allein für sich schon ein aromatisches Getränk. Ein Beispiel dafür sind die Hagebutten. Andere wiederum entfalten ihren Charakter, wenn sie mit Kräutern gemeinsam in einer Teemischung verwendet werden – etwa die Apfelschalen oder getrocknete Beeren. Letztere duften und schmecken nicht nur, sondern ersparen durch ihren Fruchtzuckergehalt das Süßen des Tees durch Honig oder Zucker.

> Genauso wie die Kräuter müssen auch die Früchte für den Tee sorgfältig getrocknet werden. Das ist bei den meisten Früchten etwas aufwändiger als das Trocknen von Kräutern.

Das Trocknen ist die älteste Form der Konservierung von Früchten. In südlichen Ländern passiert dieser Vorgang ohne viel Zutun – einfach durch die Sonne. In gemäßigteren Breiten reicht jedoch bei den meisten Früchten die Sonne nicht aus, um den gesamten Wassergehalt aus den Früchten zu verdunsten. Zu lange sollen nämlich die Früchte nicht in der prallen Sonne schmoren. Kräuter vertragen beim Trocknen überhaupt keine direkte Sonnenbestrahlung. Früchte sind in dieser Hinsicht robuster. Ein bis zwei Tage in der Sonne überstehen sie, ohne mit dem Wassergehalt auch ihr Aroma zu verlieren. Diese Zeit reicht im Hochsommer in den meisten Fällen, um kleine Beeren durchzutrocknen.

Richtig trocknen: Aroma bewahren und entfalten

Trocknen ist die älteste Form der Konservierung.

Das Trocknen entzieht den Früchten durch Wärme und Luftströmung ihren Wassergehalt. Je schneller und schonender dieser Vorgang vor sich geht, umso mehr an Aroma, Mineralstoffen und Vitaminen bleibt in den Früchten erhalten.

Allerdings sei schon an dieser Stelle gesagt: Vitamine der B-Gruppe und vor allem Vitamin C gehen beim Trocknen zum größten Teil verloren.

Für das Trocknen sind nur voll ausgereifte und erntefrische Beeren und Früchte geeignet. Sie dürfen keinen Ansatz von Fäulnis, keine Druckstellen und selbstverständlich keinerlei Anzeichen für Schädlingsbefall aufweisen. Das Fruchtfleisch soll fest und nicht matschig sein. Werden Früchte für die Trocknung zerteilt – beispielsweise Äpfel oder Birnen –, so kann man die rasche Braunfärbung der Stücke durch kurzes Einlegen in Wasser mit Zitronensaft vermeiden. Man nimmt für einen Liter Wasser den Saft von zwei Zitronen. Vor dem Auslegen zum Trocknen sollte man die solcherart vorbehandelten Fruchtstücke gut mit Küchenkrepp trockentupfen.

Natürlich gibt es für das Trocknen spezielle Geräte. Diese Dörrapparate kommen jedoch für die geringen Mengen an Beeren und anderen Früchten, die wir für den Früchtetee brauchen, kaum in Frage. So bleiben zwei bewährte Verfahren übrig: die Lufttrocknung und jene im Backrohr.

Für Beerenfrüchte ist die Lufttrocknung das ideale Verfahren. An einem warmen, trockenen und sehr gut durchlüfteten Ort ohne direkte Sonnenbestrahlung werden die Früchte auf einem Backblech oder Rost aufgelegt. Die einzelnen Früchte sollen so viel Abstand zueinander aufweisen, dass sie sich nicht berühren. Und keinesfalls sollen sie übereinandergeschichtet werden. Günstig ist, die trocknenden Früchte mit einem feinen Netz aus Gazé oder einem Mulltuch abzudecken. Sie wirken nämlich sehr einladend auf alle Arten von Insekten. Ist das Wetter günstig – also heiß und trocken –, sollte der Trocknungsvorgang nach spätestens fünf Tagen abgeschlossen sein. Bei längerer Dauer vermindert sich die Qualität der Trockenfrüchte bereits beträchtlich.

Die Trocknung soll höchstens fünf Tage dauern.

Tritt während der Trocknungsphase ein Wetterumschwung ein, ist es sinnvoller, die Lufttrocknung abzubrechen und die angetrockneten Früchte im Backrohr fertig durchzutrocknen.

Die Trocknung im Backrohr soll bei 50 bis 60 Grad Celsius bei Heißluft und spaltbreit geöffneter Ofentür erfolgen.

So kann die feuchte Luft ungehindert entweichen. Beeren legt man auf ein Backblech, für größere Früchte ist der Rost besser geeignet. Von Zeit zu Zeit sollte man die trocknenden Früchte durchrütteln und dabei den Trocknungsgrad überprüfen. Jene Früchte, die bereits durchgetrocknet sind, sortiert man aus. Bleiben sie unnötig lange im Backrohr, verlieren sie zuviel an Aroma.

Genauso wichtig wie das richtige Trocknen ist für den Geschmack des künftigen Früchtetees die richtige Aufbewahrung der getrockneten Früchte. Kühl, dunkel und trocken sollte selbstverständlich sein. Vor dem Einlagern müssen die getrockneten Früchte völlig ausgekühlt sein. Au-

Vor der Lagerung müssen die getrockneten Früchte völlig ausgekühlt sein!

Ein gut sortiertes Teeregal ist ein genussvolles Versprechen!

ßerdem dürfen sie nicht in der Nähe stark duftender Kräuter und Gewürze aufbewahrt werden. Die Früchte haben nämlich die Neigung, diese Düfte anzunehmen.

> Dieser Umstand ist für die Mischung von Kräuter- und Früchtetee von Bedeutung: Man sollte immer nur jene Mengen an Mischungen herstellen, die man in absehbarer Zeit verbraucht. So kann jede an der Mischung beteiligte Kräuter- oder Früchteart ihren Charakter bis in die Teekanne bewahren.

Die Zerkleinerung der Fruchtstücke oder der ganzen Beeren sollte ebenfalls erst bei der Mischung erfolgen. Je größer die Frucht, umso weniger Kontaktfläche hat sie nach außen. Das ist ein Vorteil bei der Lagerung.

Je kleiner zerteilt, umso besser für den Aufguss!

Andrerseits: Je kleiner zerteilt die Früchte und Beeren sind, umso mehr Außenfläche weisen sie in Summe auf. Und das ist das Faktum, das beim Aufguss zur Wirkung kommt. Denn je mehr Fläche, umso einfacher ist es für das Wasser, die Aromen und Inhaltsstoffe aus den Fruchtstückchen zu ziehen und in den Tee überzuführen.

Eine Gefahr bei der Lagerung von Trockenfrüchten stellt oft auch die Mehlmotte dar. Sie geht nicht nur ans Mehl, sondern mit besonderer Vorliebe auch an getrocknete Beeren. Aber: Alle diese Risiken für die Teefrüchte und ihre Qualität kann man vermeiden, indem man sie in einem entsprechenden Behältnis aufbewahrt. Am besten geeignet – und dazu noch schön – ist die Teedose aus Weißblech. Dunkle Gläser mit Schraubdeckelverschluss erfüllen den Zweck genausogut. Viele Teegenießer halten es so, dass sie jede Trockenfruchtart für sich in Gläsern aufbewahren und für die gebrauchsfertigen Mischungen die dekorativen Teedosen verwenden.

Die maximale Lagerdauer ist bei den Trockenfrüchten genauso wie bei den Kräutern vom Zyklus der Natur vorgegeben: Sobald die Ernte des nächsten Jahres zur Trocknung ansteht, ist die Lagerzeit der Vorjahresernte abgelaufen.

Letzter Schritt zum Genuss: Der Aufguss

Das Wasser für den Aufguss und die Teekanne

Dosierung, Zubereitung und die richtige „Ziehzeit"

Getrockneten Kräutern, Blüten und Früchten fehlt zwar die lebendige Kraft frischer Pflanzen. Die meisten der wertvollen Enzyme finden sich jedoch in der getrockneten Pflanze. Durch das Trocknen gehen sie in eine Art „Ruhezustand" über. Durch die Wärme und Feuchtigkeit bei der Teebereitung wird dieser Ruhezustand beendet, die Enzyme werden wieder aktiviert. So können sie kurzfristig wie bei der frischen Pflanze ihre Wirksamkeit entfalten.

Damit man dem Tee seine Wirkung und sein vollkommenes Aroma aber auch tatsächlich entlocken kann, muss er richtig zubereitet werden. Denn falsch aufgegossen oder gebrüht, wird sogar die beste Teemischung zu einer faden Brühe.

Wie schon der chinesische Dichter Chi-lai Sung im 13. Jahrhundert notierte: „Verderben der Jugend durch schlechte Erziehung, Begaffen von Kunstwerken durch ungebildeten Pöbel und Vergeuden guten Tees durch falsche Behandlung" seien jene drei Dinge, die am meisten zu bedauern wären. Die ersten beiden Punkte können wir an dieser Stelle nicht diskutieren. Den dritten Fehler aber, den kann man durch ein Mindestmaß an Wissen und Sorgfalt vermeiden.

An sich gibt es für die Teezubereitung drei verschiedene Methoden: den **Aufguss** als gebräuchlichste Art, das **Abkochen** und den **kalten Ansatz**.

Der Aufguss aktiviert die Wirkstoffe.

Aufguss

Der Aufguss mit kochendem oder fast kochend heißem Wasser wird bei allen Kräutern mit ätherischen Ölen angewandt. Die entsprechende Menge an kleingeschnittenen frischen oder getrockneten Kräutern gibt man in eine vorgewärmte Teekanne aus Glas oder Porzellan, gießt mit kochendem Wasser auf und lässt das Ganze etwa zehn Minuten durchziehen. Dann kann man den Kräutertee abseihen und genießen.

Zehn Minuten ziehen lassen, für Kräutertees eine gute Zeit!

Abkochen

Das Abkochen kommt nur für sehr grobe und holzige Samen, Früchte und Kräuter in Frage. Das Ziehen im wallend kochenden Wasser löst auch jene Inhaltsstoffe, die beim Aufguss nicht in den Tee übergehen können. Ätherische Öle gehen dabei allerdings zum größten Teil verloren – und damit auch das Aroma. Abkochen ist deshalb nur bei Helltees angebracht.

Kaltauszug

Der Kaltauszug wird vor allem dann empfohlen, wenn aus den Kräutern die Schleimstoffe in den Tee übergehen sollen. Der bekannteste Tee, der im Kaltauszug hergestellt wird, ist der Misteltee. Der wirkungsvolle Heiltee bei Kreislaufproblemen wird nur mit kaltem Wasser angesetzt, nach 12 Stunden Ziehzeit abgeseiht und getrunken.

Der Kaltauszug kommt wie die Abkochung fast ausschließlich für Heiltees in Frage.

Mit einer einzigen Ausnahme – und das ist ein Geheimtipp unter Kräuterliebhabern: Aus frischen Melissen- oder Pfefferminzblättern lässt sich mit Magermilch im Kaltauszug ein delikates Getränk für heiße Sommertage herstellen. Die frischen Kräuter werden klein gehackt, mit Magermilch übergossen und das Ganze für vier bis fünf Stunden zum Ziehen in den Kühlschrank gestellt. Öfteres Umrühren während dieser Zeit ist vorteilhaft. Schließlich wird die Kräutermilch direkt in Gläser abgeseiht und genossen.

Kaltauszug in Magermilch

Das Wasser für den Aufguss und die Teekanne

Die Wasserqualität ist ein entscheidender Faktor für Geschmack und Aroma des Tees.

> Je weniger gelöste Stoffe das Wasser an sich enthält, umso mehr kann es aus den Kräutern und Früchten aufnehmen.

Natürlich ist die Wasserqualität von Ort zu Ort und von Quelle zu Quelle verschieden, und aussuchen kann man sie sich kaum. Es gibt aber einfache Möglichkeiten, auch hartes Wasser mit hohem Kalkgehalt weicher und für den Teegeschmack förderlicher zu machen. Die eine ist, das Wasser nicht sofort nach dem Aufwallen für den Aufguss zu verwenden, sondern es einige Minuten wallend kochen zu lassen. Dadurch setzt sich ein Teil der gelösten mineralischen Stoffe an der Wand des Topfes oder Kessels ab. Der Behälter bekommt zwar rasch eine Kalkschicht – die man von Zeit zu Zeit mit Essig entfernen sollte –, aber dieser Kalk fehlt im Tee. Und das tut dem Geschmack und Aroma des Tees gut.

Besser Kalk im Wassertopf als im Tee!

Eine zweite Möglichkeit ist die Verwendung von Wasserfiltern. Es gibt Filterkannen mit austauschbaren Patronen, die zu durchaus erschwinglichen Preisen angeboten werden. Allerdings filtern sie vor allem den Kalk aus dem Wasser. Diesen Effekt erreicht man auch mit der erstgenannten Möglichkeit.

Die Teekanne macht den Tee, heißt es im Werbeslogan einer bekannten Tee-Firma. Darin steckt einiges an Wahrheit. Das Material, aus dem sie besteht, darf nämlich keinen Geschmack annehmen und keinen eigenen Geruch abgeben.

> Bestens geeignet – und zudem noch dekorativ – sind aus diesem Grund Teekannen aus Porzellan, Keramik oder Glas.

Wer aus ästhetischen Gründen unbedingt eine Metallkanne verwenden will, sollte jedenfalls eine solche mit Glaseinsatz wählen. Metalle reagieren häufig mit den Gerbsäuren im Tee. Das verändert den Geschmack des Tees. Zudem dürfte es auch nicht besonders gesund sein.

Unabhängig von Ihrer individuellen Vorliebe für eine bestimmte Art von Teekanne sollten Sie diese tatsächlich nur für Tee verwenden. Eine Teekanne darf niemals mit Spülmittel gereinigt werden, immer nur mit bloßem Wasser. Spülmittel hinterlassen immer Geschmacksspuren, egal wie sorgfältig man nachspült. Die feinen Nuancen des Teearomas werden von diesen Spuren verstümmelt oder zumindest beeinträchtigt. Vor dem Gebrauch wird die Teekanne mit heißem Wasser ausgespült. Dadurch wärmt man sie an und gibt der Oberfläche einen wohltemperierten Flüssigkeitsfilm. Die von Teeliebhabern so geschätzte „Patina" in der Teekanne entsteht schon nach kurzer Gebrauchszeit ganz von selbst durch die Ablagerung der Gerbstoffe. Verwendet man eine derart „patinierte" Teekanne häufig für stark aromatische Teemischungen, sollte man sie für diese Art von Tee reservieren. Zart-blumige Kräutertees würden in dieser Kanne durch den Einfluss der kräftigen „Patina" ihr eigentümliches Aroma verlieren. Wer die Vielfalt der Teesorten aus Kräutern und Früchten genießen will, sollte eine zweite Teekanne zur Verfügung haben. Die Investition rechnet sich auf jeden Fall durch den unverfälschten Geschmack des aufgebrühten Tees!

Dosierung, Zubereitung und die richtige „Ziehzeit"

Wie intensiv Aroma und Geschmack eines Tees zur Geltung kommen, hängt von der Dosierung ab.

> Die übliche Mengenangabe lautet: Einen gehäuften Teelöffel Tee pro Tasse.

Diese „Über-den-Daumen"-Regel muss man allerdings relativieren. Sind die getrockneten Kräuter und Früchte sehr fein zerkleinert, braucht man weniger davon. Nicht nur, weil sie „dichter gepackt" sind als grob zerkleinertes Trockengut. Auch deshalb, weil bei feinem Zerkleinerungsgrad das Teewasser die Aromen und Wirkstoffe rascher und intensiver ausziehen kann.

Verwendet man Teekräuter frisch aus dem Garten, benötigt man etwa die drei- bis vierfache Menge im Vergleich zu getrockneten Kräutern. So gleicht man durch eine entsprechend größere Pflanzenmasse deren Wassergehalt aus und erhält die gleiche Intensität an Aroma und Geschmack wie bei getrockneten Pflanzen, aber dazu noch die unvergleichliche Frische.

Von frischen Kräutern braucht man mehr als von getrockneten.

Getrocknete Samenkörner wie Anis oder Fenchel sollten im Ganzen aufbewahrt und erst vor dem Aufbrühen oder vor der Herstellung einer Mischung gemahlen oder grob zerstoßen werden. Zerkleinern muss man die Körner auf jeden Fall, damit das Teewasser an die Aromastoffe gelangen kann.

Für die Zubereitung des Tees gibt es eine Reihe von Methoden und entsprechenden Hilfsmitteln – von Einsatzfiltern für die Kanne über Teenetze und Tee-Eier bis zu komplizierten und teuren elektrischen Teemaschinen. Letztere sind Kopien der Kaffeemaschinen, und wer nicht einen ausgeprägten Hang zu technischen Spielereien hat, kommt sehr gut ohne sie aus. Der Qualität des Kräuter- und Früchtetees sind einfache Hilfsmittel weitaus zuträglicher.

> Am besten kann sich der Tee entfalten, wenn er ohne zusätzliches Behältnis in der Kanne aufgegossen wird. Die Kräuter- und Fruchtteilchen können sich ohne Beengung im ziehenden Wasser dehnen und ihr Aroma verbreiten. Es ist zweifellos jene Methode, die das Beste aus jedem Tee holt.

Nach der Ziehzeit wird der Tee in eine zweite – vorgewärmte – Kanne abgeseiht. Als Hilfsmittel benötigt man nur ein Teesieb und natürlich eine zweite Kanne, auf die man nur verzichten kann, wenn man den Tee direkt in die Tassen abseiht. Dann aber ist ein Nachschenken mit einem neuerlichen Aufbrühen verbunden, weil ein in der Kanne verbleibender Teerest weiterzieht.

Mit einer einzigen Kanne kommt man dagegen aus, wenn man ein Tee-Ei oder ein Tee-Netz verwendet.

Tee-Ei

Tee-Eier werden in zahllosen Formen und aus verschiedensten Materialien angeboten. Jene aus Porzellan schauen zwar hübsch aus, haben aber gleich zwei Nachteile: Die geringe Anzahl von Löchern lässt zuwenig Wasser durch das Behältnis zirkulieren, und die Enge des Tee-Eies lässt dem Tee zuwenig Platz, um sich während der üblichen Ziehzeit zu entfalten. Das vollkommene Aroma, das im Tee schlummert, lässt sich jedenfalls nicht in den Aufguss überführen. Eher geeignet, und dann vor allem für Früchtetee oder Teemischungen mit hohem Fruchtanteil, sind Tee-Eier aus feinem Metallgespinnst. Man sollte sie aber höchstens zu einem Viertel ihres Volumens füllen und während der Ziehzeit mehrmals im Aufguss bewegen.

Tee-Netz

Das Tee-Netz wird wie eine Filtertüte gefüllt und ermöglicht einen Aufguss in der Art, wie er bei den handelsüblichen Teebeuteln gebräuchlich ist. Es ist auch nichts anderes als ein großer, wiederbefüllbarer Teebeutel. Auch wenn man das Tee-Netz nach jedem Gebrauch sorgfältig abspült, zeigt sich schon nach kurzer Zeit die „Patina" als bräunliche Verfärbung auf dem feinen Gespinst. Das ist, wie bei der Teekanne, nicht unbedingt ein Nachteil. Man sollte allerdings aus Rücksicht auf den Geschmack für zarte Kräutertees ein anderes Netz verwenden als für stark aromatische Früchtetees.

> Für jede Teesorte ein eigenes Netz, dem Geschmack zuliebe.

Teefilter aus Papier

Ähnlich wie das Tee-Netz und von der Handhabung her noch mehr wie die Teebeutel funktionieren die Teefilter aus Papier. Sie werden in einen Filterhalter eingeklemmt. Nach der Ziehzeit nimmt man sie aus der Kanne und entsorgt sie. So entfällt das Reinigen des Behältnisses. Außerdem ist das jeweils frische Filterpapier garantiert geschmacks- und aromaneutral.

> Papierfilter: Nicht so stilvoll, aber garantiert geschmacksneutral

Ziehzeit

Eine Frage, über die Teegenießer stundenlang diskutieren können, ist jene nach der richtigen Ziehzeit. Wie lange braucht das Wasser, um das Maximum an Aroma und Geschmack aus den Kräutern und Früchten aufzunehmen und dazu noch einen Tee von einer bestimmten gewünschten Wirkung entstehen zu lassen?

Bei Tee aus Teesträuchern gibt es die „Drei-Minuten-Regel":

Drei-Minuten-Regel

Zieht der Tee drei Minuten, wirkt er anregend. Zieht er fünf Minuten, verliert er die anregende Wirkung und wird zum beruhigenden Getränk.

Das liegt daran, dass das Wasser nach etwa fünf Minuten einen gewaltigen Schwall Gerbsäure aus den Teeblättern löst. Sie neutralisiert die Wirkung des Koffeins, vor allem im schwarzen Tee.

Bei Kräuter- und Früchtetee geht es bei der Frage nach der richtigen Ziehzeit vor allem darum, das Maximum an Geschmack und Aroma in den Tee zu bringen. Fruchtteilchen benötigen eine verhältnismäßig lange Ziehzeit von mindestens zehn Minuten. Kräuter können sich schon nach fünf Minuten voll entfalten.

> Diese auf Erfahrung basierende Grundregel – Kräutertee fünf Minuten, Früchtetee zehn Minuten – geht von zwei Voraussetzungen aus: Die erste ist eine feine Zerkleinerung, vor allem der Früchte. Die zweite: Das Teewasser sollte beim Aufguss der Früchte sprudelnd kochen, beim Aufguss von Kräutern aber gerade nicht mehr.

Jener Teil, der am längsten braucht, bestimmt die Ziehzeit.

Diese Voraussetzungen lassen sich bei Teemischungen aus Kräutern und Früchten jedoch kaum einhalten. Hier orientiert man sich an jenem Teil der Mischung, der die längste Ziehzeit verlangt, und verwendet wegen des Fruchtanteils sprudelnd kochendes Wasser für den Aufguss.

Weil sich nach dem Aufguss sicher die Frage „süß oder natürlich?" stellen wird: Gegen Zucker, Honig oder auch Süßstoff ist an sich nichts einzuwenden. Es ist Geschmacksache, und über Geschmack kann man nicht streiten. Gewöhnlicher weißer Zucker hat, wie Süßstoff, keinen Eigengeschmack. Er macht Tee süß und verändert damit zwar den Geschmack, aber nicht den Charakter – anders als Honig, der seinen Eigengeschmack in den Tee einbringt. Das muss nicht als Nachteil gesehen werden.

> Der Eigengeschmack des Honigs kann jenen einer Früchtetee-Mischung ergänzen und ihr eine besondere Geschmacksnote verleihen.

Allerdings ist das nicht bei jedem Honig und bei allen Früchten der Fall. Gut harmonieren die säuerlichen Hagebutten mit dem aromatischen Waldhonig. Kräutertees verlangen dagegen einen sehr dezenten Honig, wie etwa Kastanien- oder Akazienhonig. Mit allen Früchtetees harmoniert der sehr helle und zähflüssige Kleeblütenhonig. Auf jeden Fall sollte man den Honig erst in den Tee rühren, wenn dieser bereits auf Trinktemperatur abgekühlt ist. Zu heißer Tee zerstört die wertvollen Enzyme und viel vom Aroma des Honigs. Wer Honig in brühheißen Tee einrührt, degradiert dieses wertvolle Produkt zum bloßen Süßstoff. Und da sollte man doch lieber gleich Süßstoff nehmen. Mit kräftigen und stark aromatischen Teemischungen verträgt sich der braune Kandiszucker. Er hat einen karamelartigen Eigengeschmack, der vielen Teesorten eine besondere Note verleiht. Bei den Friesen, jenem Volk mit dem höchsten Teekonsum Europas, ist Tee ohne Kandiszucker unvorstellbar. Wer einen „echt friesischen" Tee, jedoch nicht aus Schwarztee, in der Tasse haben will, kann sich diesen Wunsch mit dem „Schwarzen" aus fermentierten

Brombeerblättern erfüllen. Dieser Kräutertee gewinnt nicht nur durch
Kandiszucker seinen charakteristischen Geschmack, sondern verträgt als
einziger echter Kräutertee sogar die Zugabe von Milch oder Sahne.

> Für viele Liebhaber von Kräuter- und Früchtetees ist das Süßen al-
> lerdings kein Thema. Feine und zarte Kräuteraromen wollen ganz
> für sich allein genossen sein.

Früchtetees sind in den meisten Fällen ohnehin durch den Fruchtzuckergehalt süß. Und bei den Teemischungen kann man die Süße durch
die entsprechend dosierte Beigabe von getrockneten
Beeren und Apfelstückchen erreichen.

Heimische Kräuter und Früchte
für Tees und Teemischungen

Die wichtigsten unserer heimischen Kräuter und Früchte für den Teegenuss finden Sie auf den folgenden Seiten beschrieben. Wie aber schon erwähnt wurde: Genuss heißt gerade beim Kräutertee auch Gesundheit. Viele der Kräuter sind deshalb auch Heilkräuter, und alle haben eine besondere Wirkung auf das Wohlbefinden.

Welche der Kräuter für die Kultur im Blumentopf oder Balkonkistchen geeignet sind, finden Sie ebenso bei den einzelnen „Steckbriefen" angeführt wie die Ansprüche der Kräuter an Standort und Pflege.

Anis

Die aromatischen Samenkörner sind ein beliebtes Gewürz für Bäckereien. Sie liefern aber auch einen würzigen Tee mit segensreicher Wirkung nach einer zu ausgiebigen Mahlzeit: Er lindert Blähungen und Völlegefühl.

Die aromatische einjährige Pflanze ist ein Doldenblütler und wird über einen halben Meter hoch. Anis ist schon seit dem Altertum bekannt. Ursprünglich in Kleinasien beheimatet, kommt der Anis heute auch in ganz Mitteleuropa verwildert vor.

Anbau

Anis braucht einen sehr sonnigen und windgeschützten Platz. Der Boden sollte leicht und nährstoffreich sein. Wegen der langen, spindelförmigen Wurzel ist die Kultur im Topf oder Kistchen nicht sinnvoll. Anis braucht mehr Platz in der Erde, als ihm ein solches Behältnis bieten kann.

Ernte

Geerntet werden die Samenkörner, sobald sie sich bräunlich verfärben. Man schneidet das ganze Kraut knapp über der Wurzel ab und lässt es zwei bis drei Tage in Büscheln liegen. So können alle Samenstände nachreifen, bevor man sie trocknet. Das verbleibende Kraut kann man für Tee verwenden. Das Kraut zu trocknen, bringt jedoch nichts, weil es beim Trocknen seinen typischen Anisgeschmack verliert.

Zubereitung

Die Anissamen sollten in der Kaffeemühle fein zermahlen werden, bevor man sie für den Teeaufguss verwendet. Die Ziehzeit liegt zwischen zehn und zwölf Minuten, aufgegossen wird mit sprudelnd kochendem Wasser. Für Teemischungen mit Kräutern sollte man Anis im Mörser grob zerstoßen.

Apfel

Der Apfelbaum ist nicht nur ein Symbol für Kultur im Einklang mit der Natur. Er bietet Gesundheit und Ausgewogenheit auch in seinen Früchten. Man kann sie nicht nur essen, sondern im Früchtetee auch trinken. Dabei geht es jedoch weniger um den gesundheitsfördernden Aspekt als vielmehr um das zarte Apfelaroma.

Auswahl und Zubereitung

Den besten Tee liefern die Schalen von säuerlichen Äpfeln. Das sind jene, die sich auch im Apfelstrudel am besten machen – und man kann diese beiden Arten der Nutzung gut verbinden. Schälen Sie die Äpfel für den Strudel und trocknen Sie die Schalen. Am besten in der Restwärme des Backrohrs nach dem Strudelbacken.

Die getrockneten Apfelschalen werden nach dem Auskühlen luftdicht und lichtgeschützt in Dosen oder Gläsern aufbewahrt. Für den Aufguss werden die Schalen fein zerkleinert.

Apfelschalentee ist aromatisch und von Natur aus dezent süß. Kinder mögen ihn deshalb als Durstlöscher – nicht nur heiß, sondern im Sommer auch als Eistee! Verwendet man Apfelschalen für Teemischungen, sollten die beteiligten Kräuter und Früchte eine eher zarte Geschmacksnote aufweisen. Dann kann sich das fruchtige Apfelaroma auch in der Mischung behaupten.

Übrigens: Der pure Apfelschalentee gilt als wirkungsvolles Hausmittel bei rheumatischen Beschwerden.

Birne

Birnen sind Meister der Ausgewogenheit. Sie enthalten zwar keinen besonders hohen Anteil einzelner Vitamine oder sonstiger Wirkstoffe, aber von allem etwas, und das in einer feinen Balance. Will man diese Balance im Früchtetee genießen, sollte man die gedörrten Birnen, die „Kletzen", verwenden. Sie enthalten die Geschmacksträger in mehrfacher Konzentration, sind dezent süß und lassen sich problemlos in kleine Stückchen schneiden. Man kann sie für sich zu einem Birnentee aufgießen. Viel besser kommen sie allerdings in einer Mischung mit getrockneten Beerenblättern – Erdbeere, Brombeere oder Johannisbeere – zur Geltung. Ein wahrer Geheimtipp ist die Mischung von fermentierten Brombeerblättern und Birne. Das Ergebnis ist ein dezent süßer, aromatischer schwarzer Tee mit zart-fruchtigem Birnengeschmack.

Brennnessel

Sie ist eine jener Pflanzen, die jeder kennt und fast jeder ein Unkraut nennt. Und wie die meisten als Unkraut verleumdeten Pflanzen ist sie in Wirklichkeit ein Kraut mit einer Vielzahl an Wirkstoffen. Kaum eine Heilpflanze ist derart vollgepackt mit Vitaminen, Mineralien und Enzymen, Gerb- und Bitterstoffen wie die Brennnessel. Für jene, die ihren Wert zu schätzen wissen, hält sie außer ihrer Heilkraft – vor allem für die Blutreinigung, für Entschlackungskuren und damit gegen rheumatische Beschwerden – auch einiges an kulinarischen Genüssen bereit: Brennnesselspinat, grüne Nudeln mit feingehackten Brennnesselblättern oder Salat mit Brennnesselblättern. Wie gesund diese Brennnesselkost ist, kann nur ein Vergleich deutlich machen. Brennnesselblätter enthalten doppelt soviel Eisen, fünfmal soviel Kalzium und sechsmal soviel Vitamin C wie Spinat.

Anbau
Über den Anbau der Brennnessel zu reden, mag manchem Gartenfreund kurios erscheinen. Sie wächst ohnehin, sogar in Massen, wenn man sie

lässt. Für einen noch einigermaßen naturnahen Garten mag das stimmen. Und dann reicht es tatsächlich, sie einfach wachsen zu lassen. Auf Grundstücken, die längere Zeit überkultiviert waren, hat die Brennnessel als „Un-"kraut aber kaum Überlebenschancen. Dort muss, wer von ihr profitieren will, sie tatsächlich aussähen. Zwischen Ende März und Anfang September ist das auch ohne Probleme möglich.

Ernte
Geerntet werden die jungen, frischen, hellgrünen Blätter der obersten drei Reihen in der Zeit vor der Blüte. Frisch sind sie in jeder Form der Zubereitung am besten – egal, ob als Tee oder als Spinat. Für den Spinat kann man sie – als Vorrat für die wenigen brennnessellosen Monate – einfrieren. Für den Brennnesseltee kommt natürlich nur das Trocknen in Frage.

Zubereitung
Die getrockneten – oder die dreifache Menge an frischen – Brennnesselblätter sollen nur mit schwach siedendem, aber nicht mit kochendem Wasser aufgebrüht werden. Trinkt man Brennnesseltee zur Entschlackung und Blutreinigung, sollte man auf das Süßen verzichten.

Für Genusstees kann man die Brennnesselblätter mit verschiedenen Beerenblättern und Früchten mischen. Einen sehr aromatischen dunklen Tee, wenn auch mit betont herbem Beigeschmack, liefern fermentierte Brennnesselblätter.

Brombeeren

Schon seit dem Frühmittelalter weiß man von der Nutzung der Brombeere als Heil- und Teepflanze. Tatsächlich dürfte die Kenntnis über ihren Nutzen viel weiter zurückreichen. Die Brombeere ist eine urtypische mitteleuropäische Beerenobstart. Noch heute wächst sie an den Rändern von Laub- und Mischwäldern ganz von selbst und in beträchtlichen Mengen. Erst im 19. Jahrhundert begann die Kultivierung der Brombeere, und zwar vornehmlich in den USA, wo sie in der Natur nicht heimisch ist. Die Kultursorten verlangen jedoch einiges an Pflege und haben ein etwas weniger ausgeprägtes Aroma als die Waldbrombeeren.

Von allen Beerenobstarten hat die Brombeere den höchsten Gehalt an Vitamin A. Ihr niedriger Eiweiß- und Zuckergehalt macht sie auch für empfindliche Mägen gut verträglich. Bedeutsam ist überdies der hohe Gehalt an Mineralstoffen und Fruchtsäuren.

Anbau

Wer in seinem Garten Brombeeren ziehen will, sollte das an einem Spalier tun. Wegen der Ranken ist nur auf diese Art eine geordnete Brombeerkultur möglich. Die Spaliere werden in einfacher Form aus Pfählen und Drähten errichtet. Die Ranken bindet man an die Drähte. Die Früchte wachsen an den zweijährigen Trieben. Meist sterben diese Triebe nach der Ausreifung der Früchte ab oder trocknen zurück. Sie müssen entfernt werden, was am besten im Zuge eines sorgfältigen Schnittes im zeitigen Frühjahr erfolgt.

Dem richtigen Schnitt kommt bei Brombeersträuchern überhaupt eine wesentliche Bedeutung für Wuchs, Form und Ertragsfähigkeit zu. Im ersten Jahr nach der Pflanzung ist ein kräftiger Rückschnitt erforderlich. So können die am Wurzelhals sitzenden Basisknospen kräftige Triebe hervorbringen. Ein spezieller Schnitt bei Beerensträuchern ist der sogenannte „Entgeizungsschnitt" im Sommer. Beerensträucher – und besonders die Brombeere – neigen dazu, ab dem Sommer vorzeitige Jungtriebe zu bilden. Diese „Geiztriebe" werden durch den Sommerschnitt entfernt.

Dic Standortansprüche der Brombeersträucher entsprechen jenen der Teekräuter: warm, sonnig, windgeschützt. Für eine ansprechende Gartengestaltung ist es durchaus überlegenswert, ein Brombeerspalier als Begrenzung oder teilweise Umfassung des Kräutergartens heranzuziehen. Hinsichtlich des Bodens sind Brombeersträucher anspruchslos, sofern ausreichend Feuchtigkeit vorhanden ist.

Ernte

Vom Brombeerstrauch lassen sich sowohl die Blätter als auch die Früchte für vorzüglichen Tee verwenden. Für den Tee aus grünen Brombeerblättern sind junge, frische Blätter am geschmackvollsten. Will man durch Fermentation schwarzen Brombeerblättertee erzeugen, sollten die Blätter etwas größer und fester sein. Mit der Ernte der Blätter kann man bereits im Mai beginnen. Die Früchte reifen, je nach Standort und Klima, ab Juli. Zum Trocknen für den Früchtetee sollte man nur voll ausgereifte, aber trotzdem noch feste Beeren verwenden.

Zubereitung

Die getrockneten Brombeerblätter werden vor dem Aufbrühen oder vor der Mischung fein zerrieben. Die Beeren sollten zwar im Ganzen gelagert werden, aber klein zerteilt in die Teekanne kommen. Tee aus grünen Brombeerblättern verträgt eine Ziehzeit bis zu zehn Minuten. Der „schwarze" aus fermentierten Brombeerblättern erreicht das Maximum an Aroma und Geschmack nach fünf bis sechs Minuten Ziehzeit.

Erdbeeren

Man sieht es den Erdbeeren gar nicht an – aber es ist so: Sie gehören zur Gattung der Rosengewächse. Ihre Inhaltsstoffe machen sie zu einer sehr wertvollen Frucht. Sie enthält Vitamin C, Eisen, Kalzium, Phosphor, Kalium und Natrium in beachtlichen Mengen. Die gesundheitsfördernden Eigenschaften der Erdbeere sind von alters her bekannt und Gegenstand so mancher Mythen. So galt die Erdbeere im Zeitalter der Alchimie als Schutzmittel gegen Gifte jeder Art.

Für den Tee sind die Blätter der Erdbeere besonders gut geeignet – nicht nur für den Genuss, sondern auch für die „Kosmetik von innen". Erdbeerblättertee klärt und reinigt die Haut – vor allem für junge Leute mit Akne-Problemen ein heißer Tipp!

Einen Nachteil hat die Erdbeere allerdings: Manche Menschen reagieren auf ihren Genuss allergisch. Die Folgen – Nesselfieber und Bauchkrämpfe – treten vor allem nach dem Genuss der frischen Früchte auf. Auch beim Erdbeerblättertee ist eine allergische Reaktion möglich.

Anbau

Die Gartenerdbeere ist eine weitverbreitete Kulturpflanze. Man unterscheidet einmal- und mehrfachtragende Sorten. Die große Bandbreite der verfügbaren Sorten erlaubt den Anbau der Erdbeere ohne besondere Rücksicht auf Klima- und Bodenverhältnisse. Die besten Erdbeerböden sind sandige Lehmböden mit etwas Humus. Für frühreifende Sorten sind leichte Böden wegen ihrer guten Durchlüftung und schnellen Erwärmung am besten geeignet.

Ernte

Für den Tee werden vor allem die jungen Blätter verwendet. Sie ergeben – frisch oder getrocknet – einen aromatischen, sattgelben Aufguss. Die Erdbeeren selbst können für Früchtetee getrocknet werden. Allerdings dauert das Trocken der großen Beeren sehr lange, meist wird man die Früchte halbieren oder vierteln müssen. Einfacher ist das Trocknen der wesentlich kleineren Walderdbeeren.

Zubereitung

Die getrockneten Erdbeerblätter sollte man erst vor dem Aufbrühen zerkleinern. Am besten zerreibt man sie zwischen den Fingern. Die Ziehzeit sollte mindestens zehn Minuten, aber höchstens eine Viertelstunde betragen.

Fenchel

Wer dazu neigt, opulent zu tafeln, sollte seinem Magen zuliebe den Fencheltee als Abschluss der Tafelfreuden genießen. Er hilft dem Magen, die zugemutete Last leichter zu verarbeiten. Dabei schmeckt er würzig und angenehm – gar nicht wie eine Medizin.

Der vorzügliche Geschmack und das mild-würzige Aroma machen den Fencheltee auch zu einem beliebten Durstlöscher für Kinder. Ob heiß oder kalt – Fencheltee schmeckt, ist gesund und wird gerne als Alternative zu überzuckerten Industrielimonaden akzeptiert.

Anbau

Der Fenchel ist eine kleine, einjährige oder zweijährige Staude. Die Anzucht aus den Samen erfolgt im Saatbeet oder Kistchen. Für einen Quadratmeter rechnet man etwa zwei Gramm Samen. Nach dem Umsetzen der Pflänzchen in den Kräutergarten sollte jedes etwa 40 Zentimeter Platz haben. Auch die Aussaat direkt ins Beet ist ab April möglich. Fenchel braucht guten Gartenboden, ausreichend Sonne und mäßige Feuchtigkeit. Er blüht von Juli bis September.

Ernte

Das frische Kraut kann man direkt aus dem Garten in die Teekanne befördern. Die Samen dagegen werden für den Tee – und natürlich auch als Küchengewürz – getrocknet. Samen erhält man meist nur, wenn man die Pflanze als zweijährige wachsen lässt, denn in den seltensten Fällen und nur in den besten Lagen kann der Fenchel schon im ersten Jahr Samen ausreifen. Die Samen werden von der reifenden Pflanze mit einem Kamm abgestreift.

Zubereitung

Die getrockneten Fenchelsamen können grob zerstoßen für den Teeaufguss verwendet werden. Natürlich brauchen sie eine entsprechende Ziehzeit von etwa zwölf Minuten, damit das Wasser die Schalenteile durchdringen und das Aroma aufnehmen kann. Wer es dem Teewasser leichter machen will, Aroma und Wirkstoffe zu lösen, sollte den Fenchel in der Kaffeemühle zermahlen. Bei dem so erhaltenen feinen Fenchelpulver reichen zehn Minuten Ziehzeit.

Hagebutten

Der Hagebuttentee ist der klassische Früchtetee schlechthin: eine Vitaminbombe gegen Erkältung und Grippe – und dazu noch von einem vorzüglichen Geschmack.

Die Hagebutten sind die Früchte der wilden Heckenrose. Der Strauch wächst an Waldrändern und auf Lichtungen. Weil er weit verbreitet ist, erübrigt sich sein Anbau im Garten. Allerdings sind die Hagebutten nicht nur für Tee und Marmelade begehrt. Auch die Rehe mögen sie. Deshalb sind die kleinen roten Früchte in jener Höhe, die leicht erreichbar ist, meist verschwunden, bevor sie für den menschlichen Genuss im Hagebuttentee geerntet werden können. Aber sie wachsen schließlich am ganzen Strauch und nicht nur auf den unteren Ästen.

Ernte
Hagebutten sollten erst nach dem ersten Frost geerntet werden. Sie dürfen nicht zu weich sein. Für die Trocknung sollten sie aufgeschnitten, eventuell geviertelt und von den Kernen und Kernhaaren befreit werden.

Zubereitung
Hagebutten ergeben nicht nur für sich einen vorzüglichen Tee, sondern lassen sich auch gut mischen. Weit verbreitet – auch im käuflichen Teebeutel – ist die Mischung mit Hibiskusblüten. Hagebutten vertragen sich aber auch mit herben Kräutern und mit fermentierten Brombeerblättern. Zart-aromatische Kräuter sollte man nicht mit Hagebutten mischen. Sie können sich gegen deren dominierenden Geschmack nicht durchsetzen.

Die Ziehzeit für Hagebutten liegt zwischen 8 und zehn Minuten. In der Mischung hängt sie von jenem Anteil ab, der die längste Ziehzeit verlangt.

Heidelbeeren

Die Heidelbeeren sind in unseren Wäldern heimisch – aber natürlich auch in den Gärten. Der Unterschied zwischen Wild- und Kulturform sticht ins Auge: Im Garten werden Heidelbeersträucher oft doppelt so hoch wie im Wald. Das mag auch daran liegen, dass die Kultursorten nicht aus heimischen Wildsorten entwickelt wurden, sondern aus nordamerikanischen. Die Preiselbeere ist übrigens eine nahe Verwandte der Heidelbeere und wie diese in der Wildform ein Heidekrautgewächs.

Der blaue Farbstoff, den die Heidelbeeren enthalten, zwingt nicht nur zum Zähneputzen nach deren Frischgenuss. Gemeinsam mit Vitamin C und Eisen sorgt das Myrtillin, wie der blaue Farbstoff der Heidelbeere wissenschaftlich genannt wird, auch für die Blutbildung und die Elastizität der Blutgefäße. Letzteres besonders im Bereich der Augen – weshalb Heidelbeeren von alters her als Mittel gegen Nachtblindheit empfohlen werden.

Anbau

Die Kulturheidelbeere ist sehr anpassungsfähig. Die mehrjährige Staude übersteht Winter mit Temperaturen bis zu 25 Minusgraden ohne Probleme. Weil sie erst Mitte Mai zu blühen beginnt, können ihr auch Spätfröste wenig anhaben. Empfindlich ist sie jedoch, was den Boden angeht: Warm, sauer – mit wenig Kalkgehalt – und tiefgründig soll er sein. Heidelbeersträucher brauchen mäßige, aber gleichmäßige Feuchtigkeit. In guten Lagen werden Heidelbeersträucher bis zu 40 Jahre alt. Wer sie im Garten pflanzt, sollte diesen Umstand berücksichtigen. Der Pflanzabstand sollte etwa zwei Meter betragen. Für den durchschnittlichen Bedarf reichen drei Sträucher – und diese kann man als Dreieck pflanzen!

Gut bewährt hat sich die Kultur von Heidelbeersträuchern in Gefäßen. Dazu eignen sich beispielsweise Holzfässer, Bottiche, Tonnen oder Tongefäße mit einer Tiefe von etwa einem halben Meter. Natürlich müssen im Boden der Gefäße ausreichend Löcher vorhanden sein, um die Staunässe zu vermeiden. Als Lebensgrundlage für Heidelbeersträucher in Topfkultur dient eine Mischung aus saurem Torf, Humuserde und Sand. Als natürlichen Dünger kann man Sägespäne beimengen.

Wie bei Obststräuchern üblich, werden die Heidelbeersträucher im Herbst, von Oktober bis Anfang November, oder im zeitigen Frühjahr gepflanzt. Die erste ausgiebige Ernte kann man im dritten Jahr erwarten.

Ernte

Die Heidelbeeren für die Teekanne sollten vollreif, aber keinesfalls bereits matschig sein. Sie lassen sich auch im Ganzen gut trocknen. Die jungen Blätter der Heidelbeersträucher ergeben – getrocknet oder frisch – einen aromatischen hellgrünen Tee. Sie enthalten große Mengen von Arbutin. Dieser Stoff ist in vielen Medikamenten gegen Nieren- und Blasenentzündung, Nierensteinleiden und Rheumatismus enthalten. Wer ihn nicht in Tablettenform zu sich nehmen will, kann ihn im Heidelbeerblättertee genießen!

Zubereitung

Die getrockneten Heidelbeeren machen sich vor allem in Früchteteemischungen gut. Vor dem Mischen sollten sie allerdings zerkleinert werden, um die Ziehzeit im Rahmen von etwa zwölf Minuten zu halten.

Tee aus getrockneten Heidelbeerblättern lässt sich für sich allein genießen, aber auch in der Mischung mit eher „grasig" schmeckenden Blüten
und Kräutern, wie beispielsweise Klee- oder Löwenzahnblüten. Eine Ziehzeit von etwa acht Minuten ist in beiden Fällen angemessen.

Himbeeren

Himbeeren und Brombeeren sind sehr nahe Verwandte, Schwestern sozusagen, und gelten beide von alters her als heilkräftig. Das gilt für die
Beeren wie für die Blätter. In Spanien, Holland und Frankreich zählen
Himbeeren heute noch offiziell zu den Heilpflanzen – weniger wegen der
Beeren, sondern vor allem wegen der Blätter. Der Tee aus Himbeerblättern schmeckt nicht nur vorzüglich, er enthält auch Wirkstoffe gegen viele
Arten von Entzündungen – von jener des Zahnfleisches bis zur Entzün-
dung der Darmschleimhaut. Schon Dioscurides und Hildegard von Bingen wussten davon und erwähnten diesen Umstand in ihren Schriften.

Anbau

Himbeersträucher kommen in der freien Natur seltener vor als Brombeersträucher. In den Hausgärten sind sie jedoch neben den Erdbeeren
die am häufigsten gezogene Beerenobstart. Himbeersträucher bringen
bereits ab dem zweiten Jahr gute Erträge und liefern diese bis zu zehn
Jahre lang.

Himbeersträucher sind Flachwurzler. Das heißt einerseits, dass sie in
entsprechend großen Töpfen oder Trögen kultiviert werden und auf diese
Weise auch den Topfkräutergarten auf Balkon oder Terrasse bereichern
können. Andererseits aber benötigen sie regelmäßige Bewässerung, weil
sie bei längerer Trockenheit keine Feuchtigkeit aus tieferen Erdschichten
aufnehmen können. Neben Feuchtigkeit brauchen Himbeersträucher soviel Sonne wie sie nur bekommen können. Ein nach Süden geneigter
Hang ist ihnen am liebsten. Weil die Früchte ab der Vollreife leicht zer-
fallen, ist ein Windschutz vorteilhaft. Ein heftiger Windstoß kann den
Himbeergärtner um die Früchte seiner Arbeit bringen.

Die Himbeersträucher bilden relativ viel junges Blattwerk. Es gibt also
eine ausreichende Erntemöglichkeit für den Tee.

Ernte

Die jungen Blätter können ab Mitte Mai bereits geerntet und getrocknet
werden. Natürlich sind sie auch frisch bestens für den Tee geeignet. Sehr
aromatisch ist der durch Fermentation gewonnene „schwarze" Tee aus
Himbeerblättern. Die getrockneten Beeren können als fruchtige Ergän-

zung dem Tee aus den grünen oder fermentierten Blättern beigemischt oder in anderen Früchteteemischungen verwendet werden.

Zubereitung

Die getrockneten Himbeerblätter werden vor dem Aufbrühen oder vor der Mischung fein zerrieben. Tee aus grünen Himbeerblättern verträgt eine Ziehzeit bis zu zehn Minuten. Der „schwarze" aus fermentierten Himbeerblättern erreicht das Maximum an Aroma und Geschmack nach fünf bis sechs Minuten Ziehzeit.

Fermentierte Himbeerblätter passen in nahezu jede Teemischung – nicht nur wegen der geschmacklichen Abrundung, sondern auch, weil sie dem Tee eine schöne Farbe verleihen.

Holunder

Vor einem Holunderstrauch soll man den Hut ziehen, sagt eine alte Bauernweisheit. Mit vollem Recht, denn alles an der Holunderstaude ist in irgendeiner Form heilkräftig: von den Wurzeln bis zur Rinde, von den Blättern bis zu den aromatisch duftenden Blüten und den vielseitig verwendbaren Beeren. Dioskurides empfiehlt in seinem Werk „Materia medica" im ersten nachchristlichen Jahrhundert bereits den Holunderblütentee gegen Fieber und Wassersucht. Heute weiß man, dass seine Wirkstoffe die Nierentätigkeit anregen. So werden Giftstoffe ausgeschieden und der Körper entschlackt. Holunderblütentee ist als Hausmittel bei Erkältung und Grippe bewährt und hilft bei Rheumatismus, Gicht und Arthritis. Sogar psychisch zeigt er Wirkung – als sanftes Mittel gegen Angst und Depressionen. Dass ein Naturheilmittel von der Art des Holunderblütentees auch noch vorzüglich schmeckt, ist eine Draufgabe der Natur.

Anbau

Holundersträucher wachsen in der freien Natur in ausreichenden Mengen. Man muss sie nicht im eigenen Garten ziehen, um in den Genuss der Blüten für den Tee zu kommen. Wer trotzdem den Segen des Holunderstrauchs vor der eigenen Haustür haben will, kann sich Grünstecklinge von wildwachsenden Sträuchern schneiden. Man nimmt dazu einen geraden, etwa fingerdicken Ast und entfernt bis auf drei Blätter alle anderen und die Seitentriebe. Dieser Steckling wird in einen Blumentopf gesetzt, der mit einem Gemisch aus Torf und Sand gefüllt ist. Der Steckling muss zweimal am Tag gegossen werden – aber mäßig, damit er nicht zu faulen beginnt. Nach etwa fünf Wochen sollte die Bewurzelung stark genug sein, dass man den Steckling aus dem Topf in den Garten setzen kann. Den sandigen Torfballen, der sich um seine Wurzeln geschlungen hat, belässt man ihm. Bis sich der Jungholunder im Garten eingewöhnt hat, muss man ihn noch gießen. Aber dann sorgt er für sich selbst und stellt kaum mehr Ansprüche.

Ernte
Die Blüten sollten voll erblüht sein, aber noch keinerlei Anzeichen einer bräunlichen Färbung zeigen. Sie werden sofort nach dem Pflücken im Schatten getrocknet. Damit das schneller vor sich geht, ist es sinnvoll, sie von den gröberen Stängeln zu befreien. Bei frühsommerlichen Temperaturen ist die Trocknung meist nach einem Tag abgeschlossen.

Zubereitung
Die feinen Holunderblüten geben Wirkstoffe und Aroma sehr bereitwillig an das Teewasser ab. Sie benötigen deshalb nur eine Ziehzeit zwischen drei und fünf Minuten. Auf Mischungen mit Holunderblüten sollte man verzichten. Das zarte Holunderaroma wirkt am besten ganz für sich allein. In einer Mischung kann es sich kaum durchsetzen.

Johannisbeeren

Ob rot, gelb oder schwarz – sie sind der Stolz jedes begeisterten Gärtners. Hat derselbe Kinder, murren diese zwar zur Erntezeit, greifen aber begeistert nach dem Löffel, sobald die Ernte verarbeitet ist. Und das ist gut für sie, denn Johannisbeeren sind wahre Vitaminbomben. Besonders die schwarzen zählen zu den Vitamin C-reichsten Früchten. Darüber hinaus macht die Kombination aus den Farbstoffen und den Mineralien die Blutgefäße fest und elastisch. Bis auf den Vitamin-C-Gehalt, der sich beim Trocknen stark vermindert, bleiben diese Eigenschaften auch im Früchtetee aus Johannisbeeren erhalten. So ist Johannisbeer-Früchtetee nicht nur ein Genuss, sondern wirkt auch vorbeugend gegen Arteriosklerose und Schlaganfall. Die schwarzen Johannisbeeren enthalten zudem einen Stoff, den die Naturärzte „Lungenvitamin" nennen.

Der Tee aus den Blättern ist in der Volksmedizin als Heiltee bei Keuchhusten bekannt, wirkt lindernd bei Halsschmerzen und Entzündungen, antibakteriell und entgiftend. Aber er schmeckt auch gut — als grüner Tee genauso wie als „schwarzer" aus fermentierten Johannisbeerblättern. Man muss also nicht unbedingt leiden, um sich den Genuss von Johannisbeeren- und Blättertee zu gönnen.

Anbau

Die heute in den Gärten verbreiteten Kultursorten der Johannisbeere stammen von in Europas Auwäldern heimischen Wildsorten ab. Sie sind deshalb weitgehend unempfindlich, was das Klima betrifft. An den Boden ihres Standortes stellen sie aber doch gewisse Ansprüche. Er soll nährstoffreich mit hohem Humusanteil und ständig gut durchfeuchtet sein. Johannisbeersträucher sind ausgesprochene Flachwurzler und deshalb auf die Oberflächenfeuchtigkeit angewiesen. Diese Eigenschaft lässt es andererseits aber zu, sie auch in ausreichend großen Topfkulturen zu ziehen.

Im Garten werden Johannisbeersträucher idealerweise im Herbst nach dem Laubfall gepflanzt. Vor dem Einsetzen stärkerer Fröste kann die Pflanze noch Faserwurzeln bilden und sodann im Frühjahr unverzüglich mit dem Austrieb beginnen.

Ernte

Die jungen Blätter können laufend geerntet und getrocknet bzw. fermentiert werden. Einzige Einschränkung ist, dass man der Staude ausreichend Blätter für ihr gesundes Wachstum belassen muss. Die vollreifen Beeren sollten nur an trockenen Tagen geerntet werden – sie sind sonst sehr anfällig für Schimmelbildung. Rote und gelbe Johannisbeeren können nach Erreichen der Vollreife durchaus einige Tage auf die Ernte warten. Den schwarzen sollte man das nicht zumuten: sie fallen dann sehr rasch ab.

Zubereitung

Die getrockneten Johannisbeerblätter werden vor dem Aufbrühen oder vor der Mischung fein zerrieben. Tee aus grünen Johannisbeerblättern verträgt eine Ziehzeit bis zu zehn Minuten. Der „schwarze" aus fermentierten Johannisbeerblättern erreicht das Maximum an Aroma und Geschmack nach sechs bis acht Minuten Ziehzeit. Früchtetee mit Johannisbeeren sollte zehn bis zwölf Minuten ziehen.

Johanniskraut

Wenn eine Pflanze im Volksmund Namen hat wie „Kreuzblut Christi", „Wild Gartheil", „Elfenkraut", „Teufelsbannkraut", „Fieberkraut", „Lieb Frau Bettstroh", „Wohlgemuth" oder „Jageteufel" – und diese Aufzählung ist längst nicht vollständig –, dann muss wohl ein gewaltiges Maß an Heilkraft in dieser Pflanze stecken. In der keltischen Mythologie diente sie als Orakelpflanze – wohl deshalb, weil sie meist zur Mittsommernacht erblüht und als Sinnbild der Licht- und Wärmekräfte gesehen wurde. Die Mädchen flochten aus dem Johanniskraut Kränze und trugen sie beim Tanz um das Sonnwendfeuer. In Teilen Oberösterreichs ist es heute noch Brauch, am Johannistag zur Mittagszeit voll aufgeblühtes Kraut zu ernten, zwischen zwei Brotscheiben zu legen und dem Vieh zu füttern. So soll das Vieh über den Sommer – früher die Zeit gefürchteter Viehseuchen – hinweg gesund erhalten bleiben.

Das älteste schriftliche Zeugnis über den Segen des Johanniskrauts haben wir vom Römer Plinius aus dem ersten nachchristlichen Jahrhundert. In seiner „Naturalis historia" beschreibt er das Johanniskraut und dessen öligen Blütenauszug als Heilmittel bei Verbrennungen. Die erste Erwähnung des Johanniskrauttees finden wir bei Paracelsus – und zwar bereits als eine Art „Psychopharmakon": Johanniskrauttee diene zur „Heilung des fürchterlichen melancholischen Gemüts". Überhaupt kommt dem Johanniskraut in der Naturmedizin des Paracelsus eine zentrale Bedeutung zu. Denn, wie er schreibt, „es ist eine Herrschaft in diesem Kraut über andere" , und Herrschaft sei das, was zum Besten diene. Nach der Signaturlehre des Paracelsus, die äußerlich sichtbare Zeichen einer Pflanze mit deren Wirkung in Verbindung bringt, sind die perforierten Blätter des Johanniskrauts der Schlüssel zu seiner Heilkraft. *Hypericum perforatum* ist der lateinische Name des Johanniskrauts, und, Paracelsus weiter: „Die Löcher der Perforata sind das Signum, dass dieses Kraut für alle inneren und äußeren Öffnungen der Haut eine Hilfe ist. Was durch Poren ausgetrieben werden soll, kann durch die Perforata geschehen."

Das gelte auch für die innere Krankheit der Melancholie, schreibt Paracelsus. Heute weiß man aus der pharmazeutischen Forschung, dass der Johanniskrauttee tatsächlich als mildes Antidepressivum wirkt. Wieso es das tut, weiß man allerdings noch nicht mit absoluter Sicherheit. Frühere Forschungen schrieben die antidepressive Wirkung des Johanniskrauts dem Wirkstoff Hypericin zu. Er kommt in den Blüten in hoher Kon-

zentration und im Kraut zumindest noch in feststellbaren Mengen vor. Heute neigt man eher zu der Annahme, dass die Kombination des Hypericins mit vielen anderen Inhaltsstoffen des Johanniskrauts die Wirkung ausmacht. Das Zusammenspiel der von der Natur perfekt ausgewogenen Wirkstoffkombinationen unter Führung des Hypericins beeinflusst demnach den Melatonin-Stoffwechsel. Melatonin ist ein Hormon, das entweder durch die Sonnenbestrahlung des Körpers oder, wenn das Sonnenlicht nicht ausreicht, von der Zirbeldrüse gebildet wird. Melatonin im Kreislauf sorgt dafür, dass man sich angenehm ruhig und heiter gelöst fühlt. Während der Nacht übernimmt auch in sonnigen Zeiten die Zirbeldrüse die Melatoninproduktion – als Voraussetzung für einen geruhsamen Schlaf. Bei Lichtmangel am Tag, der in unseren Breiten im Herbst und Frühwinter häufig vorkommt, muss die Zirbeldrüse Tag und Nacht Melatonin produzieren. Man fühlt sich müde, abgespannt, lustlos – kurz gesagt, es zeigen sich erste Anzeichen von Depression.

Medizinisch gesehen sind Depressionen die mangelnde Fähigkeit des Organismus, auf bestimmte Reize zu reagieren. Die Zellen, die nicht genug „Licht" bekommen, sind in ihrem Reaktionsverhalten gehemmt. Neuere Forschung machen dafür nicht nur den Melatonin-Mangel verantwortlich, sondern auch den Mangel am Botenstoff Dopamin, der die auslösenden Reize übermitteln soll.

In beiden Fällen aber kann man das Hypericin des Johanniskrauts als „Lichtelement" betrachten. Es trägt die Sonnenenergie zu den lichthungrigen Zellen und gleicht die Defizite durch mangelndes „Außenlicht" aus. Schön, dass man diesen Sonnenlichtträger trinken kann – im Johanniskrauttee.

Anbau

Johanniskraut lässt sich problemlos im Garten ziehen und ist wegen seines hübschen Aussehens eine Bereicherung für jeden Steingarten. Der kleine Strauch ist eine Heidepflanze, liebt die Sonne und einen kargen, trockenen Boden. In einem kultivierten, nährstoffreichen Gartenboden wächst es ungehemmt und breitet sich durch seine waagrecht wachsenden Legtriebe stark aus.

Ernte

Zur Blütezeit, die um Johannis, also Ende Juni, beginnt und bis Ende August dauert, können an sonnigen Tagen die Blüten und das Kraut geerntet werden. Für den Tee verwendet man beides gemeinsam oder Blüten und Kraut jeweils für sich. Die gemeinsame Verwendung hat den Vorteil, dass man die kleinen krautigen Stängel in Büscheln hängend trocknen kann. Beim Trocknen verträgt das Johanniskraut kein Licht. Direktes Sonnenlicht ohnehin nicht – aber auch im Halbschatten verliert es noch an Aroma und Inhaltsstoffen. Am besten lässt sich das Johanniskraut auf einem gut durchlüfteten, aber dunklen Dachboden trocknen.

In Geschmack und Wirkung ist kein Unterschied zwischen dem Tee aus Blüten und jenem aus dem Kraut mit den Blüten feststellbar – nur in der Farbe: Tee aus Blüten ist rötlich, jener aus Kraut und Blüten bräunlich, und Tee aus dem Kraut ohne Blüten zeigt eine gelbliche Färbung.

Zubereitung

Kraut und Blüten sollten grob zerkleinert in die Teekanne kommen. Eine Ziehzeit von zehn Minuten ist ausreichend. Allerdings sollte das Wasser beim Aufguss nicht wallend kochen, sondern gerade noch sieden. Johanniskrauttee hat einen sehr zarten Geschmack. Man sollte ihn ohne Zucker, Honig oder Süßstoff genießen – schon ein wenig davon kann den Geschmack überdecken.

Übrigens: Johanniskrauttee lässt sich auch im Kaltansatz herstellen. Vor allem dann, wenn Sie die therapeutische Wirkung des Tees für's Gemüt erzielen wollen, ist dieser Form der Zubereitung der Vorzug zu geben: Das Kraut wird mit kaltem Wasser übergossen, und diesen Ansatz lässt man über Nacht – also etwa zehn bis zwölf Stunden – ziehen. Dann wird er abgeseiht und getrunken. Der Kaltansatz ist für die Inhaltsstoffe wesentlich schonender als der Aufguss. Diese können sich langsam lösen und es besteht keine Gefahr, sie durch das siedende Wasser zu beeinträchtigen.

Kamille

Sie liefert wohl einen der bekanntesten Kräutertees für Erkältungszeiten. Aber der Kamillentee schmeckt auch gut und ist ungesüßt ein Durstlöscher für heiße Sommertage und bei sportlicher Betätigung. Viele Spitzensportler trinken ihn anstelle synthetischer „Energy-Drinks". Darüber hinaus lässt der Kamillentee wegen seiner entzündungshemmenden, desinfizierenden und wundheilenden Wirkung nicht nur die innere, sondern auch eine breite Palette von äußeren Anwendungen zu. In der Volksmedizin ist der Kamillentee deshalb ein unentbehrliches Hausmittel: Innerlich angewendet bei Durchfall, Blähungen und Entzündungen der Harnwege. Äußerlich als Kamillenumschläge bei Verletzungen, Bäder und Sitzbäder bei Sonnenbrand, Hautreizungen oder entzündlichen Ausschlägen, Inhalation der Kamillentee-Dämpfe bei Schnupfen bis zum Gurgeln mit konzentriertem Kamillentee bei Zahnfleisch- oder Halsentzündung – um nur einige Anwendungen der Kamille in der Volksmedizin zu nennen.

Auch die moderne Naturkosmetik hat die Wirksamkeit des Kamillentees erkannt. Man verwendet ihn für Kompressen oder Gesichtsdampfbäder bei großporiger oder leicht entzündlicher Haut, als Reinigungslotion und als Pflegebad für rissige, raue Hände sowie als aufhellende Tönung für blondes Haar. Und wer nach einem Tag am Computer unter geröteten Augen leidet, schließt dieselben und legt für zehn Minuten in Kamillentee getränkte Wattepads (oder Kamillenteebeutel) auf die müden Augenlider.

Die Kamille ist ein einjähriges Ackerwildkraut und wird etwa einen halben Meter hoch. Zwischen Ende Juni und Mitte August trägt sie ihre typisch duftenden Blütenköpfchen. Jene der „Echten" Kamille sind hohl: ein wichtiges Unterscheidungsmerkmal gegenüber der „Hundskamille". Letztere kommt vor allem wild vor, duftet kaum und enthält wesentlich weniger an Wirkstoffen.

Anbau

Die Kamille bevorzugt sehr mäßig bis gar nicht gedüngten Boden. Sie braucht nur wenig Feuchtigkeit, aber sehr viel Sonne. Die Aussaat erfolgt entweder im Spätherbst oder im Frühjahr direkt ins Beet. Wie alle Ackerwildkräuter samt sich die Kamille in weiterer Folge selbst aus: Ohne viel Zutun kommt sie im nächsten Jahr wieder.

Ernte

Geerntet werden die voll erblühten Blütenköpfchen. Man zieht sie mit einem groben Kamm vom Kraut und lässt sie direkt in ein untergehaltenes Leinensäckchen fallen. Was für alle Blütenkräuter gilt, ist bei der Kamille besonders wichtig: Ernte nur an heißen Sonnentagen und zur Mittagszeit! Dann enthalten die Blütenköpfchen das Maximum an Aroma und Wirkstoffen.

Zubereitung

Die getrockneten Blütenköpfchen werden mit sprudelnd kochendem Wasser aufgegossen. Man lässt sie mindestens sieben bis acht Minuten ziehen. Eine längere Ziehzeit schadet nicht. Kamillentee sollte nur mit Honig gesüßt werden, nicht mit Zucker oder Süßstoff.

Übrigens verriet uns schon Hildegard von Bingen eine wirkungsvolle Teemischung gegen Blähungen: Kamille, Anis, Fenchel und Pfefferminze zu gleichen Teilen – und wegen des körnigen Anteils von Anis und Fenchel mit einer Ziehzeit von zehn bis zwölf Minuten!

Königskerze

Unter unseren heimischen Wildpflanzen ist sie wahrhaft eine königliche Erscheinung: die Königskerze. In jenen Gärten, in welchen noch die Natur das Sagen hat, verbreitet sie nachts mit ihrem geheimnisvollen Schimmer einen Hauch von mystischer Würde. Am Tag ist sie von Insekten umschwärmt. Für Bienen, Hummeln, Wespen und viele kleine Nektarsammler ist sie eine reiche Weide. Aber wie so manche Kostbarkeit der Natur ist auch die Königskerze dem Ordnungswahn des Menschen zum Opfer gefallen. Sie wurde als „Un-"kraut ausgerissen und mit Gift bekämpft – sie, die so viel an Heilkraft enthält. Seit dem Altertum brüht man ihre getrockneten Blüten als Tee auf. Er schmeckt durch den natürlichen Zuckergehalt der Blüten nicht nur vorzüglich, sondern hilft auch bei Fieber, Bronchialkatarrh und Rheuma. Die heute bei den Botanikern gebräuchliche lateinische Bezeichnung *„Verbascum"* stammt direkt von den Römern, die diese Heil- und Teepflanze hoch schätzten.

Bei den Bergbauern des Alpenraumes heißt die Königskerze heute noch „Wetterkerze". Ihr wird die Fähigkeit zugeschrieben, Haus und Hof vor Blitzschlag zu schützen. In der Volksmedizin taucht sie unter Namen wie „Frauenkunkel" oder „Neumannskraut" auf. Die Königskerze gilt hier als bestes Mittel, Schleimhäute zu schützen. Sie lindert Entzündungen und wirkt schleimlösend. Darüber hinaus hat sie eine harntreibende und leicht beruhigende Wirkung und begünstigt die Wundheilung.

Anbau

Die Königskerze ist nicht nur als Teepflanze wegen ihrer Blüten nützlich – sie sieht auch wunderschön aus und ist eine Zierde für jeden naturnahen Garten. Sie ist ein zweijähriger Rachenblütler. Ihr natürlicher Standort findet sich an Schutthalden, trockenen Waldrändern und Ödflächen. Die langen Pfahlwurzeln lassen sie Trockenheit gut vertragen – und trockenen, leicht lehmigen Sandboden braucht sie auch im Garten. Der Standort sollte sehr sonnig und windgeschützt sein. Wer die Königskerze mit Dünger belästigt, bezahlt diesen Fehler mit stark vermindertem Blütenreichtum.

Die Samen der Königskerze werden im Spätherbst oder Ende April direkt ins Beet gesät. Die Jungpflanzen müssen vereinzelt werden, denn die Königskerze braucht Platz: mindestens einen halben Meter im Quadrat! Im ersten Jahr bildet die Pflanze eine Blattrosette mit großen, wolligbehaarten Blättern aus. Im zweiten Jahr entsteht der bis zu zwei Meter hohe Blütenstängel. Die Blütezeit reicht von Ende Juni bis in den September. Nach dem Verblühen entstehen aus den unzähligen Blüten ebensoviele kleine – giftige! – Samen.

Ernte

Geerntet werden die Blüten, sobald sie sich voll entfaltet haben. Man sollte die Blüten nur von Pflanzen nehmen, deren Blütenstängel – auch im untersten Bereich – noch keine verwelkten Blüten zeigt. Die Blüten müssen sehr vorsichtig, rasch und schonend getrocknet werden. Sobald sie sich braun verfärben, sind sie wertlos geworden.

Zubereitung

Die getrockneten Blüten der Königskerze sind sehr fein. Man kommt mit geringeren Mengen davon aus als sonst für Kräutertee üblich: Ein Teelöffel je Tasse genügt! Aufgegossen wird mit sprudelnd kochendem Wasser, die Ziehzeit sollte zwischen zehn und zwölf Minuten liegen.

An sich spricht nichts dagegen, die Blüten der Königskerze auch frisch für den Aufguss zu verwenden. Man sollte aber bedenken, dass sie sehr rasch welken. Sobald ihr leuchtendes Gelb bräunlich wird, sind sie für den Tee nicht mehr geeignet!

Kümmel

Der Kümmel dürfte jenes erste Würz- und Teekraut sein, das bereits unsere jungsteinzeitlichen Vorfahren verwendeten. Feuer, Töpferkunst und Kümmeltee – das könnte bei Verzicht auf wissenschaftliche Exaktheit ein Kurzcharakteristikum für die Anfänge der mitteleuropäischen Kultur sein. Kümmel wächst überall in Mitteleuropa und dürfte gemeinsam mit dem Wildgetreide auf den Speisezettel der nomadisierenden Jäger und Sammler gekommen sein. Er zeichnet sich nicht nur durch seinen Geschmack aus, sondern auch durch seine Hilfe bei der Verdauung: Kümmel wirkt gegen Blähungen und Sodbrennen. Wer dazu neigt, ist gut damit beraten, ein opulentes Mahl mit einer Tasse Kümmeltee zu beschließen. Und wer das aus gesundheitlichen Gründen nicht nötig hat, kann es aus geschmacklichen tun. Der Kümmeltee schmeckt nämlich vorzüglich – besonders, wenn man zum Süßen kräftig-aromatischen Waldhonig verwendet!

In der Volksmedizin gilt Kümmeltee als appetitanregend vor und verdauungsfördernd nach dem Essen. Durch seine adstringierende Wirkung hilft er bei Durchfall. Er regt den Milchfluss bei stillenden Müttern an und lindert wegen seiner krampflösenden Eigenschaften Menstruationsbeschwerden.

Anbau

Kümmel wird im Frühjahr direkt in das Kräuterbeet gesät. Die zweijährige Pflanze wird bis zu einem Meter hoch und braucht dementsprechend Platz: Etwa 30 Zentimeter ist der richtige Abstand für Kümmelpflanzen. Kümmel benötigt guten Gartenboden, volle Sonne und nur mäßig Feuchtigkeit. Er blüht im zweiten Jahr von Juni bis Ende Juli.

Ernte

Geerntet werden nach Ende der Blütezeit die noch nicht ganz ausgereiften Samen. Weil sie leicht ausfallen, schneidet man am frühen Morgen das taunasse Kraut und hängt es zum Nachreifen der Körner an einem luftigen Ort auf. Legt man darunter Küchenkrepp aus, kann man ausfallende Samenkörner problemlos einsammeln.

Zubereitung

Kümmel sollte man unmittelbar vor dem Aufguss im Mörser zerstoßen oder in einer Kaffeemühle schonend mahlen. So lässt sich die Ziehzeit – nach dem Aufguss mit sprudelnd kochendem Wasser – im Rahmen von zehn bis zwölf Minuten halten. Kümmeltee schmeckt pur am besten. In Mischungen verträgt er sich gut mit Fenchel, Kamille und grünen Beerenblättertees.

Löwenzahn

Auch so eine unverwüstliche Wildpflanze, die in verödet-durchgestylten Designergärten als Unkraut gilt: der Löwenzahn. Dabei ist alles an ihm köstlich, heilkräftig oder beides zugleich. Die jungen Blätter im zeitigen Frühjahr liefern den beliebten „Röhrlsalat". Die getrockneten Blütenköpfchen lassen sich zu einem aromatischen Sirup, dem „Löwenzahnhonig", verarbeiten und, frisch oder getrocknet, zu einem aromatischwürzigen Tee aufgießen. Der Absud der frischen oder getrockneten Löwenzahnwurzeln – gesammelt zwischen Juni und August, weil sie dann ihr Maximum an Bitterstoffen enthalten – ist ein hoch wirksamer Heiltee bei Nierenleiden. In seiner harntreibenden Wirkung ist er mit den für diesen Zweck gebräuchlichen Medikamenten vergleichbar. Allerdings führt die medikamentöse Anregung der Nierenfunktion meist zu einem starken Kaliumverlust. Das ist nachteilig für die Herz- und Kreislauffunktion, weshalb dafür wiederum eine medikamentöse Nachhilfe nötig wird. Beim Löwenzahnwurzeltee tritt dieses Problem nicht auf, denn Löwenzahn ist zugleich eine der reichsten in Pflanzen vorkommenden Kaliumquellen. Nicht nur die Volksmedizin, auch viele Ärzte sehen deshalb den Löwenzahnwurzeltee als ideales Mittel zur Anregung der Nierenfunktion an. Er kann immer und ohne Bedenken hinsichtlich irgendwelcher Nebenwirkungen angewandt werden, auch bei Wasseransammlungen aufgrund von Herzproblemen. Der Absud aus Löwenzahnblättern gilt als allgemein wirksames Stärkungsmittel, fördert den Gallenfluss und die Leberfunktion. Die Mischung aus Wurzel- und Blättertee wird von Naturärzten als Teil einer umfassenden Behandlung von Muskelrheuma mit bestem Erfolg eingesetzt.

Der einzige Teil des Löwenzahns, den man nicht verwenden kann, ist der Stängel. Der enthaltene Milchsaft ist nämlich giftig!

Anbau

Wer in seinem Garten der Natur ihr Recht lässt, erhält dafür in den meisten Fällen den Löwenzahn als Geschenk. Kann man nicht genug davon bekommen, lässt er sich natürlich auch planmäßig anbauen. Die Samen werden im zeitigen Frühjahr, sobald der Boden ausreichend abgetrocknet ist und keine Fröste mehr zu befürchten sind, direkt ins Beet oder auf oberflächlich vorbereitete Wiesenflächen gesät. Löwenzahn kommt dank seiner starken Pfahlwurzeln mit fast jedem Boden zurecht, hat es aber gerne sonnig und nicht zu feucht.

Ernte

Für den Tee werden die voll erblühten Blütenköpfchen gesammelt und im ganzen schonend getrocknet. Die Ernteperiode beginnt Ende April und kann sich bis in den Juni erstrecken.

Zubereitung

Die ganzen, getrockneten Blütenköpfchen werden mit leicht siedendem Wasser übergossen. Man lässt sie etwa zehn Minuten ziehen. Löwenzahnblüten sind nicht nur für sich allein eine wohlschmeckende Wohltat, sie machen sich auch in Mischungen mit anderen Kräutern, Apfelschalen und dezent fruchtigen Beeren gut. Zu intensiv schmeckende Kräuter wie Melisse oder Minze sollte man dem zarten Löwenzahnaroma jedoch nicht beigesellen.

Maisgriffel/Maisbart

Bei den Inkas war Tee aus Maisbart wahrscheinlich über Jahrtausende hinweg ein täglich genossenes heißes Getränk: durstlöschend und gesundheitsfördernd. Als der Mais nach der Entdeckung Amerikas auch seinen Weg nach Europa fand, dauerte es gar nicht lange, bis Maisgriffel und Maisbart auch in unserer Volksmedizin ihren Platz fanden. Die Maisgriffel sind mittlerweile als heilkräftig anerkannt. Allerdings muss man – bei den heutigen Anbaumethoden – dazu sagen: nur jene von ungespritzten Pflanzen und von ungebeiztem Saatgut.

Die Maisgriffel sind feine Fäden von etwa 15 bis 20 Zentimeter Länge, die zur Blütezeit zwischen Juni und August aus den Blattscheiden der Pflanzen hängen. Man schneidet sie ab und trocknet sie rasch im Schatten. Vor der Lagerung in Schraubdeckelgläsern oder Weißblechdosen muss der Maisgriffel absolut trocken sein. Ist er das nicht, ändert er seine Wirkung: Er ist dann kein harntreibendes Entschlackungs-, sondern ein zuverlässig wirkendes Abführmittel! Weil sich die Inhaltsstoffe beim getrockneten Maisgriffel rasch verflüchtigen, ist sein Frischgenuss zu empfehlen. Länger als ein halbes Jahr sollte getrockneter Maisgriffel nicht aufbewahrt werden.

Der Maisgriffeltee unterstützt und fördert die Nierenfunktion. Es hat sich aber auch herumgesprochen, dass er wegen seiner entschlackenden Wirkung auch als nebenwirkungsfreies Abmagerungsmittel wirkt. Er schmeckt zart-blumig, ist auch ungesüßt ein Genuss und harmoniert in Mischungen mit Schafgarbe, Kamille und Holunderblüten. In diesen Mischungen wirkt er lindernd bei Entzündungen der Harnwege, bei Blasenkatarrh, Gicht und Rheuma.

Wem es weniger um die Heilwirkung, sondern mehr um einen Zusatz zu Kräuterteemischungen geht, dem steht auch der Maisbart an den ausgereiften Maiskolben zur Verfügung. Er sollte aber nur von völlig gesunden, ungespritzten Pflanzen genommen werden.

Zubereitung

Der feingeschnittene, frische oder getrocknete Maisgriffel wird mit siedendem Wasser übergossen. Man lässt ihn nur kurz ziehen – etwa drei Minuten – und genießt ihn für Heilzwecke ungesüßt. Der getrocknete Maisbart in Kräuterteemischungen verträgt eine längere Ziehzeit. Man sollte aber bei der Mischung Rücksicht darauf nehmen, dass alle beteiligten Kräuter mit Ziehzeiten bis etwa acht Minuten auskommen.

Malve

Einer ihrer zahlreichen volkstümlichen Namen weist bereits auf ihre vorzügliche Eignung für den aufgebrühten Genuss hin: Teemalve. Damit ist die Wildform, unsere heimische Wegmalve, gemeint. Sie ist auf verdichteten Böden häufig zu finden und beeindruckt durch ihre violetten Blüten. Eine weit verbreitete Gartenform ist die „mauretanische Malve". Sie hat größere Blüten als die wilde Malve, in der Farbe eher bläulich-violett, aber im Geschmack als Tee genauso vorzüglich wie die „Teemalve".

Tee aus Malvenblüten schmeckt ähnlich wie jener aus Hibiskus. Kein Wunder – es handelt sich schließlich um nahe Verwandte. Malvenblüten lassen sich genauso wie Hibiskus vorzüglich mit Hagebutten mischen, geben aber auch jeder anderen Kräuter- und Früchteteemischung einen besonders aromatischen Charakter.

Übrigens: Der im Handel erhältliche Hibiskus-Tee stammt von der afrikanischen Malve. Er schmeckt zwar sehr ähnlich wie jener aus unserer heimischen Malve, hat aber ganz andere Inhaltsstoffe. Die Blüten der heimischen Malve enthalten Schleimstoffe, ätherisches Öl und Gerbstoffe. Ihr Aufguss wirkt entzündungshemmend, schleimlösend und adstringierend. Malventee ist nicht nur ein beliebter „Hustentee". Er hat auch einen guten Ruf als unterstützendes Heilmittel bei Magenschleimhautentzündungen und Magengeschwüren, bei Rachen- und Kehlkopfentzündungen und Bronchitis. In der Volksmedizin werden Abszesse und Furunkel durch Umschläge mit Malventee bekämpft. Bei Insektenstichen sind feuchte Kompressen mit Malventee eine rasch wirkende Erste Hilfe, die das Entstehen der juckenden Schwellungen verhindern und damit eine weitere Hilfe unnötig machen kann.

Anbau

Die Malve wird im April direkt ins Beet gesät. Schon nach kurzer Zeit zeigen sich mehrere rauhaarige Stängel, die dann bis zu einer Höhe von über einem Meter anwachsen können. Oft entwickeln sich Riesenexemplare von beinahe zwei Metern Höhe, die sehr dekorativ sind und natürlich entsprechend Platz brauchen. Malven sind eine umschwärmte Bienenweide und tragen viel zur Harmonie eines naturnahen Gartens bei.

Die Malve braucht kräftigen, gut mit Kompost versorgten Boden und viel Sonne. Vor zuviel Feuchtigkeit sollte man sie bewahren, weil sie sonst häufig vom Rostpilz befallen wird. Durch Gießen mit Schachtelhalmjauche kann man diesen Pilz zwar zum Verschwinden bringen. Die Blüten von befallenen Pflanzen sollte man jedoch nicht für den Tee verwenden.

Ernte

Geerntet werden zwischen Mitte Juli und Anfang September die Blüten, sobald sie sich voll entfaltet haben. Sie werden im Schatten getrocknet und licht- und luftgeschützt gelagert.

Zubereitung

Die Malvenblüten sind im getrockneten Zustand sehr fein und sollten deshalb nur mit schwach siedendem, nicht mit kochendem Wasser aufgegossen werden. Die Ziehzeit sollte etwa zehn Minuten betragen. In der Mischung mit Kräutern und Früchten sind sie nicht so empfindlich. In diesem Fall kann man sich an den Hauptbestandteilen der Teemischung orientieren – auch was die Ziehzeit betrifft.

Melisse

Wer einen Garten oder auch nur einen Balkon hat und nicht seine eigene Melisse zieht, ist selbst schuld, wenn ihm einer der sinnlichsten Teegenüsse entgeht: jener aus den frisch gepflückten Melissenblättern! Wegen ihres intensiven Zitronenaromas nennt man sie meist „Zitronenmelisse", und wegen ihrer Beliebtheit bei den Nektarsammlern „Bienenkraut" oder „Honigstaude". Den Namen Melisse hat sie übrigens wegen ihrer Beliebtheit bei den Bienen schon von den Römern bekommen: Melissa ist die römische Schutzgöttin der Imkerei.

Bis die Verwendung von Zitronensaft in unseren Küchen und Teetassen Einzug hielt, war es die Melisse, welche das Zitronenaroma lieferte. Als Durstlöscher ist der Melissentee schon seit jeher beliebt. In letzter Zeit wurde der Melissentee auch als Eistee ein erfrischender Insider-Tipp für heiße Sommertage. Unvergleichlich ist der Aufguss der frischen Blätter, aber auch getrocknet liefert die Melisse hocharomatischen, zitronenfrischen Teegenuss.

Erfreulicherweise bietet die Melisse nicht nur Genuss, sondern auch eine beachtliche Heilwirkung – vor allem bei Krämpfen im Verdauungssystem und bei Blähungen, aber auch bei allen Verdauungsstörungen, die durch psychische Belastung bedingt sind. Die enthaltenen ätherischen Öle – vor allem das für das Zitronenaroma verantwortliche Geraniol – wirken bei Erregungszuständen und Stressreaktionen entspannend und können auch depressive Zustände mildern. Melissentee stärkt Herz und Kreislauf. Er bewirkt eine leichte Erweiterung der äußeren Blutgefäße, wodurch erhöhter Blutdruck sinkt.

Anbau

Die Melisse ist von einer beachtlichen Frohwüchsigkeit. Wo sie einmal Wurzeln geschlagen hat, vermehrt sie sich ungehemmt. Sie braucht dazu einen humusreichen, etwas sandigen Boden an einem warmen, sonnigen und nicht zu trockenen Standort. Die mehrjährige Pflanze kann im Saatbeet angezüchtet oder bei günstigen Bedingungen direkt ins Kräuterbeet gesät werden.

Im Kistchen auf Balkon oder Terrasse lässt sich die Melisse ziehen. Wegen ihres starken Wachstums sollte das Kistchen aber eher ein Trog sein. Wer der Melisse ihren Wunsch nach Ausbreitungsmöglichkeit erfüllt, wird mit ihrem zart-aromatischen Duft nicht nur in der Teetasse, sondern auch auf dem Balkon verwöhnt.

Ernte

Die jungen Blätter und Triebspitzen können nach Bedarf geschnitten werden. Es wächst immer genug nach. Für das Trocknen wird das Kraut vor der Blüte zwischen Juni und August geerntet und an einem luftigen, schattigen Ort getrocknet. Man kann das Kraut auch in Büscheln aufgehängt trocknen. Dabei sollte man jedoch beachten, dass alle Pflanzenteile genug Luft bekommen. Außerdem sollte man darauf achten, die Blätter nicht zu drücken oder zu quetschen; sie verfärben sich sonst an den Druckstellen schwarz.

Zubereitung

Melissentee schmeckt am besten pur – ganz für sich allein und ungesüßt. Wer auf die Süße zum Aroma nicht verzichten will, kann Zucker, Süßstoff oder Honig verwenden. Das Aroma der Melisse ist kräftig genug, um mit allen Arten von Süßmachern fertig zu werden. Der Aufguss mit kochendem Wasser braucht eine Ziehzeit von etwa zehn Minuten zur vollen Entfaltung des Aromas.

Pfefferminze

Unter den zahlreichen Mitgliedern der Familie Minze ist die Pfefferminze das Teekraut schlechthin: Oft wird sie im Volksmund sogar Teeminze genannt. In der Natur kam sie ursprünglich gar nicht vor. Sie entstand erst im 17. Jahrhundert durch Kreuzung der Grünen Minze *(Mentha spicata)* mit der Wasserminze *(Mentha aquatica)*. Weil sie ihre Existenz einer Bastardisierung verdankt, kann sie nicht über Samen vermehrt werden, sondern nur vegetativ über Kopfstecklinge oder Teilung der Wurzelstöcke. Im Handel werden zwar Pfefferminzsamen angeboten – aber die daraus wachsenden Pflanzen sind keine echte Pfefferminze.

Die vielfältigen Arten von Minze haben eine ungehemmte Neigung, sich untereinander zu kreuzen. Deshalb sollten die Triebe vor der Blütezeit kräftig zurückgeschnitten werden. Auch dann, wenn man seinen Bedarf an Pfefferminzteekraut bereits getrocknet hat. Es gibt sonst jede Menge von Kreuzungen – und nicht jede lässt sich als Pfefferminztee genießen.

Pfefferminztee wird vor allem wegen seines Geschmacks genossen. Trotzdem tut er auch der Gesundheit gut. Vorbeugend, wie alle Kräutertees, aber auch heilend und lindernd. Er regt den Fluss der Verdauungssäfte an, das ätherische Öl Menthol – ein frisches Pfefferminzblatt enthält bis zu zwei Prozent davon! – wirkt auf die Nerven der Magenwand leicht betäubend. Dadurch werden Gefühle von Übelkeit und Brechreiz gemildert. Das gilt auch bei Übelkeit während der Schwangerschaft und bei Reisekrankheit. Als psychische Wirkung von Pfefferminztee gilt die Linderung von Angstzuständen, Anspannung und Neigung zur Hysterie. Das wird damit begründet, dass Menthol entspannend auf die Muskeln der inneren Organe wirkt und auf diese Weise der psychischen Anspannung die physische Basis entzieht. Und schließlich ist Pfefferminztee auch ein wichtiger Kosmetiktee für die äußere Anwendung bei grobporiger, entzündlicher oder strapazierter Haut.

Anbau

Die echte Pfefferminze kann nur vegetativ vermehrt werden. Das geschieht am besten durch Stockteilung im Herbst. Jungpflanzen können im Frühjahr und im Herbst ausgesetzt werden. An sich bevorzugt die Pfefferminze zwar einen guten Gartenboden, volle Sonne und mäßige Feuchtigkeit. Aber auch, wenn sie diese Idealbedingungen nicht vorfindet, wächst sie ungehemmt und breitet sich stark aus. Dem kann man entgegenwirken, indem man das Wurzelwachstum durch Bretter und senkrecht gestellte Betonplatten eingrenzt. Die Pfefferminze fühlt sich auch in der Topfkultur wohl, wenn das Behältnis groß genug für sie ist. Im Garten wird die Pfefferminze oftmals vom Rostpilz befallen. Man erkennt diese Krankheit an den orangeroten Flechten. Durch Gießen mit Schachtelhalmbrühe lässt sich der Pilzbefall aber problemlos beseitigen.

Ernte
Junge Blätter und Triebe für den Frischverbrauch können jeweils bei Bedarf abgeschnitten werden. Für die Trocknung schneidet man vor der Blüte ab Ende Juni – dann ist der Mentholgehalt am höchsten! – das Kraut und trocknet die abgestreiften Blätter im Schatten.

Zubereitung
Die frischen oder getrockneten, fein zerkleinerten Blätter werden mit kochendem Wasser übergossen. Man lässt den Tee etwa zehn Minuten ziehen. Ungesüßt ist er am charaktervollsten, aber er ist kräftig genug, um Zucker, Süßstoff oder Honig zu vertragen. Und natürlich ist Pefferminz-Eistee ein erfrischender Genuss an heißen Tagen!

Quendel und Thymian

Als Feldthymian oder Quendel ist er ein kleiner, krautiger Strauch und wird seit ältester Zeit auf den Wiesen gesammelt. Der mediterrane Thymian an den Küsten des Mittelmeeres wächst zu richtigen Büschen heran und verbreitet ein betörenden Duft. Aus beiden Arten entstand durch Kreuzung unser Gartenthymian. Das hocharomatische Kraut dient nicht nur als Gewürz, es liefert auch einen vorzüglich schmeckenden Kräutertee! Die kleinen Blättchen enthalten im frischen Zustand mehr als ein Prozent an verschiedenen ätherischen Ölen, vor allem Thymol, Linalol und Borneol, dazu noch Bitterstoffe, Gerbstoffe und Flavonoide.

　Egal, ob wild gesammelter Quendel oder im Garten gezogener Thymian – zum Genuss kommt in beiden Fällen eine kräftige Heilwirkung. Der hohe Gehalt an ätherischen Ölen macht Quendel- und Thymiantee zu einem Getränk mit hoher antiseptischer Wirkung. Der Tee lindert Verdauungsstörungen, besonders wenn sie mit Blähungen verbunden sind, und regt eine träge Verdauung an. Er gilt als wirkungsvoller Hustentee, wirkt schleimlösend, verringert Krämpfe und unterstützt die Heilung von Entzündungen der Atemwege. In der Volksmedizin hat er einen guten Ruf bei Bronchitis, Keuchhusten und Asthma. Außerdem wird er als mild adstringierendes Mittel bei Durchfall und bei Bettnässen angewandt.

Anbau

Die Anzucht des mehrjährigen Gartenthymians erfolgt ab Jänner bei 10 bis 15 Grad Celsius in Saatschalen oder Kistchen. Beim Auspflanzen im Kräuterbeet genügt ein Abstand von etwa 25 Zentimetern für die kleinwüchsigen Büsche. Thymian braucht trockenen, sandigen und am besten steinigen Boden und volle Sonne. Er ist auch in Mitteleuropa winterhart und schafft es auch in kurzen Sommern zu blühen und Samen zu werfen. Wegen seiner Kleinwüchsigkeit ist der – auch dekorative – Strauch sehr gut für die Topfkultur geeignet.

Ernte

Das Kraut wird bis zum Beginn der Blütezeit geerntet und in Büscheln im Schatten zum Trocknen aufgehängt. Thymian – und auch sein wilder Bruder Quendel – hat die Eigenheit, im getrockneten Zustand wesentlich aromatischer zu wirken als im frischen! Für die Aufbewahrung werden die getrockneten Blätter von den Stängeln gestreift. Die Stängel sind nur krautig und tragen nichts zu Geschmack und Aroma bei.

Zubereitung

Die getrockneten Blätter werden mit kochend heißem, aber nicht mehr wallendem Wasser übergossen. Man lässt den Aufguss etwa zehn Minuten ziehen. Thymian- oder Quendeltee ist nicht nur für sich allein ein Genuss. Er lässt sich mit einer Vielzahl von Kräutern und Früchten mischen und bietet der Fantasie des Teegenießers einen breiten Spielraum. Verwendet man in einer Kräuter-Früchte-Teemischung neben Thymian oder Quendel auch Stückchen von gedörrten Birnen, ergänzt das nicht nur den Geschmack zu einem aromatischen Ganzen, sondern erspart durch den hohen Fruchtzuckergehalt der gedörrten Birnen auch das Nachsüßen!

Ringelblume

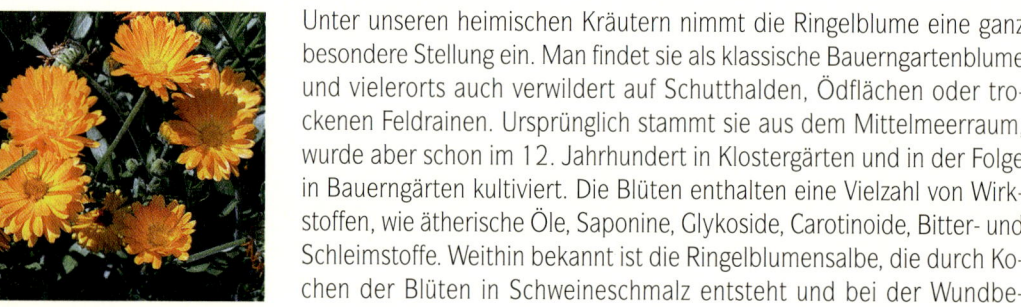

Unter unseren heimischen Kräutern nimmt die Ringelblume eine ganz besondere Stellung ein. Man findet sie als klassische Bauerngartenblume und vielerorts auch verwildert auf Schutthalden, Ödflächen oder trockenen Feldrainen. Ursprünglich stammt sie aus dem Mittelmeerraum, wurde aber schon im 12. Jahrhundert in Klostergärten und in der Folge in Bauerngärten kultiviert. Die Blüten enthalten eine Vielzahl von Wirkstoffen, wie ätherische Öle, Saponine, Glykoside, Carotinoide, Bitter- und Schleimstoffe. Weithin bekannt ist die Ringelblumensalbe, die durch Kochen der Blüten in Schweineschmalz entsteht und bei der Wundbehandlung von Mensch und Tier ihre segensreiche Wirkung unter Beweis stellt. Hildegard von Bingen empfiehlt den Tee aus den Blüten bei Gallenleiden und akuten Vergiftungen. Die kurmäßige Anwendung von Ringelblumentee hilft gegen Pilzinfektionen. Außerdem gilt Ringelblumentee als menstruationsförderndes Mittel und hilft bei verspäteter oder schmerzhafter Regelblutung.

Der Ringelblumem-Blütentee hat den Vorzug, Tees aus Mischungen von Kräutern und Früchten eine sehr schöne Farbe zu verleihen. Sein Geschmack ist für sich allein nicht gar so ausgeprägt wie bei anderen Kräutertees. Wegen seiner Farbe ist er aber ein beliebtes „Schmuckkraut" in vielen Teemischungen.

Die Ringelblume ist eine wichtige Kosmetikpflanze. Der Ringelblumentee wird äußerlich für Gesichtsdampfbäder und Kompressen bei fetter und unreiner Haut, als Badezusatz und anstelle von Reinigungsmilch verwendet.

Anbau

Der einjährige Korbblütler wird ab April direkt ins Beet gesät und später vereinzelt. Weil Ringelblumen über einen halben Meter hoch werden, brauchen sie entsprechend Platz. Der Boden sollte eher sandig sein, zuviel Feuchtigkeit bekommt der Ringelblume nicht. Ihr Platz im Garten sollte der sonnigste sein – und nach Möglichkeit windgeschützt. Die ersten Blüten zeigen sich ab Mitte Juni, und wenn man sie regelmäßig schneidet, hält die Blüte der Ringelblume bis in den Oktober hinein an. Einige Blüten sollte man stehen lassen. So kann die Ringelblume Samen ausreifen und sich für das nächste Jahr selbst aussäen.

Übrigens: Im biologischen Gartenbau wird die Ringelblume zwischen den Gemüsereihen angepflanzt, weil sie die Bodengesundheit verbessert. Und sie dient dem Biogärtner zur Wettervorhersage: Am Morgen geschlossene Blüten lassen mit Sicherheit Regen erwarten!

Ernte

Die Blüten werden während der Blütezeit zwischen Juni und Oktober regelmäßig geerntet, sobald sie voll aufgeblüht sind. Getrocknet und für den Tee verwendet werden die ganzen Blütenköpfchen.

Zubereitung

Wird für Heilzwecke der pure Ringelblumentee gewünscht, werden die getrockneten Blütenköpfchen mit siedendem Wasser aufgegossen. Man lässt den Aufguss zehn bis zwölf Minuten

ziehen und trinkt ihn dann ungesüßt. Für den Genusstee ist die Ringel-
blumenblüte für sich allein von zu schwachem Aroma, sie kommt aber
durch ihre Farbstoffe in allen Kräuter- und Früchtemischungen gut zur
Geltung.

Rose

Bei der unüberschaubaren Vielfalt von Rosenzüchtungen ist es beinahe
unmöglich, eine bestimmte Art als besonders geeignet für den Tee zu
bezeichnen. Die Blüten und Knospen sollen betörend duften, weil sich
dieser Duft als Aroma in den Tee überführen lässt.

An sich gehen alle Rosensorten auf Kreuzungen der europäischen Es-
sigrose mit der orientalischen Damaszenerrose zurück. Die Hingabe, mit
welcher schon seit dem Altertum Rosenzucht betrieben wird, hängt nicht
nur mit der sprichwörtlichen Schönheit und dem himmlischen Duft zusammen. Rosen gehören auch zu den ältesten Heilpflanzen und hatten
schon in den ersten Klostergärten auch aus diesem Grund ihren Platz.
Die heilkräftigen Substanzen sind in den Blütenblättern und in den Knospen zu finden: Rosenöl und Gerbstoffe. In der Volksmedizin gilt der Tee
aus den getrockneten Kronblättern der Blüten als wirksames Heilmittel
bei Durchfall.

Anbau
Die Rosenzucht ist eine eigene Wissenschaft. Wer Rosenstöcke einfach
wegen ihrer Schönheit, ihres Duftes und wegen der Möglichkeit, ihre Blütenblätter als Tee aufzubrühen, im Garten haben will, kann die Jungpflanzen auch ohne wissenschaftliche Auseinandersetzung mit ihrer Zucht
anpflanzen. Sie brauchen einen sonnigen, freien Platz und gut mit Kompost versorgte Erde. Im Spätherbst, nach der letzten Blüte, sollten sie
geschnitten werden.

Ernte
Für den Tee werden die Kronblätter der Blüten geerntet und schonend
im Schatten getrocknet. Werden sie luft- und lichtgeschützt aufbewahrt,
behalten sie ihren Duft jahrelang.

Zubereitung
Die getrockneten Rosenblüten werden mit schwach siedendem Wasser
aufgegossen. Eine Ziehzeit von drei bis vier Minuten ist für den puren
Rosenblütentee ausreichend. Aus Achtung vor dem duftigen Aroma sollte
man auf jede Art von Süßmachern verzichten. Rosenblüten lassen sich

sehr gut mit getrockneten Beerenblättern und auch mit fermentierten Blättern mischen. Ein besonderer Genuss ist schwarzer Tee aus fermentierten Brombeerblättern mit Rosenblüten.

Rosmarin

Der Duft des in seiner Heimat an den Mittelmeerküsten bis zu zwei Meter hohen Strauches ist so betörend, dass ihn die römischen Seeleute schon in die Nase bekamen, bevor sie die Küste vor Augen hatten. Daher auch der von den Römern geprägte Name: Ros marinus, Tau des Meeres. Der Name blieb dem Rosmarin, auch wenn er heute nicht nur an den Küsten des Mittelmeeres wächst. Er hat in ganz Mitteleuropa eine Jahrhunderte alte Tradition als Bauerngartenpflanze. Rosmarin ist nicht winterhart, wird deshalb meist als Kübelpflanze gezogen und soll, wie die Bauernregel besagt, erst nach den Eismännern ins Freie kommen.

Rosmarin ist als Küchengewürz beliebt, hat aber auch als Teekraut für Genuss und Heilzwecke einiges zu bieten. Der Rosmarintee schmeckt intensiv aromatisch. Er wirkt anregend, allgemein kräftigend und nervenstärkend, belebt den Kreislauf und fördert die Gallensekretion. Die dafür verantwortlichen Inhaltsstoffe sind im Wesentlichen ätherische Öle, Bitterstoffe, Harze, Flavonoide und Gerbstoffe.

In der Volksmedizin wird Rosmarintee auch äußerlich angewandt – für Kompressen und Wickel bei Rheumatismus, Ischias und Nervenschmerzen. Als Badezusatz wirkt er belebend und erfrischend. Ein Rosmarinbad ist deshalb ein typisches Morgenbad. Fußbäder in Rosmarintee beseitigen Fußgeruch und wirken gegen Schweißfüße, und Haarspülungen mit Rosmarintee verleihen brünettem und dunklem Haar einen seidigen Glanz.

Anbau

Rosmarin ist hinsichtlich des Bodens anspruchslos, braucht aber viel Sonne und einen trockenen Standort. In sehr milden Lagen ist er winterhart. Wer trotzdem das Risiko, ihn abfrieren zu lassen, nicht eingehen will, sollte ihn als Kübelpflanze ziehen. Die Vermehrung kann über Samen genauso wie über Stecklinge erfolgen. Letztere sollten zwischen spätem Frühjahr und Hochsommer geschnitten und eingepflanzt werden.

Ernte

Für den Rosmarintee werden die nadelartigen Blätter, eventuell auch die Blüten, verwendet. Man kann sie das ganze Jahr über ernten und frisch verwenden. Bei Rosmarin in Topfkultur sollte man besonders darauf achten, immer nur soviel wegzuschneiden, wie dem Wachstum der Pflanze zuträglich ist. Für die Trocknung streift man die Blätter von den Ästchen und breitet sie an einem schattigen Ort auf Küchenkrepp aus. Bei licht- und luftgeschützter Lagerung ist der getrocknete Rosmarin etwa ein Jahr haltbar, ohne allzuviel von seinem Aroma zu verlieren.

Zubereitung

Die getrockneten und grob zerkleinerten Rosmarinblätter werden mit wallend kochendem Wasser aufgegossen. Man lässt den Aufguss zugedeckt – damit sich die ätherischen Öle nicht verflüchtigen – etwa zwölf Minuten ziehen. Rosmarintee ist für sich allein schon ein Genuss, schmeckt aber besonders gut in Mischungen mit aromatisch eher neutralen Kräutern wie Brennnessel, Zinnkraut, Salbei, Schafgarbe, Ringelblume oder Johanniskraut.

Rotkleeblüten

Er kommt beinahe auf jeder Wiese vor, der Rotklee. Und er erscheint uns so selbstverständlich, dass man ihn nur so nebenher wahrnimmt. Wer die unscheinbaren Blütenköpfchen jedoch nicht übersieht, sondern sammelt und für den Tee trocknet, kann sich viel Geld für teure kosmetische Produkte ersparen. Der Kleeblütentee ist nämlich dazu prädestiniert, Hautprobleme von innen her zu lösen. In der Naturheilkunde gilt er als Möglichkeit, die chronische Schuppenflechte zu behandeln. Und eine Entschlackungskur mit einer Teemischung aus Rotkleeblüten und Brennnesselblättern hinterlässt unübersehbare Wirkung: Die Haut wird reiner und glatter. In der Volksmedizin gilt der Kleeblütentee darüber hinaus als Hausmittel bei Keuchhusten. Er wirkt schleim- und krampflösend.

Ernte

Der Anbau von Rotklee nur für den Teeaufguss erübrigt sich. Man sammelt die Blütenköpfchen auf ungedüngten Wiesen, möglichst weit von Straßen entfernt, in der Blütezeit zwischen Mai und September. Sie werden im Schatten an einem Platz mit guter Durchlüftung getrocknet und trocken, licht- und luftgeschützt aufbewahrt.

Zubereitung

Die getrockneten Blütenköpfchen werden im Ganzen verwendet. Man gießt sie mit kochend heißem, aber nicht wallendem Wasser auf und lässt sie zehn bis zwölf Minuten ziehen. Wer den Kleeblütentee nicht zur Linderung akuter Beschwerden trinkt, sondern wegen seines charakteristischen Geschmacks, darf ihn mit Honig süßen. Ein Tipp für Liebhaber außergewöhnlicher Teegenüsse ist die Mischung von Kleeblüten und Vogelbeeren!

Salbei

Der Echte Salbei, Gartensalbei oder Edelsalbei ist ein bis zu 80 Zentimeter hoher Halbstrauch. Charakteristisch sind seine länglichen, gestielten Blätter, die einen etwas runzeligen Eindruck machen. Nicht nur als Gewürz wurde er seit ältester Zeit hochgerühmt, auch als Teekraut und als Heilpflanze. „Wie kann ein Mensch sterben, in dessen Garten Salbei wächst?" lautet ein medizinischer Merkvers aus dem 13. Jahrhundert. In diese Richtung weist auch der Name des Salbeis: „Salvia" kommt vom lateinischen „salvare", und das heißt schlicht und einfach: heilen.

Salbeitee trifft zwar nicht jedermanns Geschmacksvorstellungen von Teegenuss. Wenn man ihn nicht aus einem akuten Anlass wegen seiner Heilwirkung trinkt, lässt er sich auch gut mit anderen Teekräutern mischen. Dann wirkt er vorbeugend gegen Schlaganfall, stärkend auf Blutgefäße, Leber und den Magen-Darm-Bereich, appetitanregend und blutreinigend. Nach dem Genuss von fetten Speisen hilft Salbeitee – oder eine Teemischung, in welcher Salbei den größten Anteil hat – bei der Verdauung, und wer Hülsenfrüchte mag, sollte als Getränk danach auch den Salbeitee mögen: Er verhindert Blähungen.

Äußerlich angewandt, ist Salbeitee ein wichtiges Heilmittel in der Volksmedizin. Man verwendet ihn für Spülungen bei Mandelentzündungen und Halsleiden, bei Eiterherden an den Zähnen, bei Zahnfleischgeschwüren und Zahnfleischschwund. Bei Insektenstichen legt man in Salbeitee getränkte Wattebauschen auf.

Anbau

Die Anzucht in Saatschalen oder Kistchen kann bereits Anfang Februar erfolgen, die Temperatur sollte dabei zwischen 10 und 15 Grad Celsius liegen. Ab April werden die Pflanzen ins Kräuterbeet gesetzt. Der ideale Pflanzabstand beträgt 40 mal 15 Zentimeter. Salbei mag trockenen, durchlässigen Boden mit etwas Kalk in warmer, windgeschützter Lage. Er lässt sich auch gut in der Topfkultur ziehen.

Ernte

Zwischen Mitte Juni und Anfang Dezember kann man die frischen Salbeiblätter ernten, bei der Topfkultur meist das ganze Jahr über. Trotzdem ist es für die Verwendung als Tee sinnvoller, eine entsprechende
Menge zu trocknen. So lässt sich Salbei einfacher mit anderen Teekräutern mischen als im frischen Zustand. Salbeiblätter werden im Schatten
getrocknet und sollten während der Trocknungszeit mehrmals gewendet
werden.

Zubereitung

Frische oder getrocknete Salbeiblätter werden mit kochendem Wasser
überbrüht. Man lässt sie nur kurz – etwa drei bis vier Minuten – ziehen
und trinkt den Salbeitee für Heilzwecke ungesüßt. In Mischungen für die
genüssliche Seite des Teetrinkens ist die Ziehzeit von jenem Kraut abhängig, das am längsten ziehen soll. Salbei ist in dieser Hinsicht flexibel.
Länger als zehn Minuten sollte man eine Teemischung, an welcher Salbei
beteiligt ist, trotzdem nicht ziehen lassen. Der Tee wird sonst zu bitter.

Schafgarbe

Unter den Heilkräutern in unserer heimischen Natur gibt es sehr viele, die
ihren Segen geschlechtsneutral verteilen. Aber zumindest zwei gehören
nicht dazu: das kleinblütige Weidenröschen, das den Männern die Pros-
tatabeschwerden nimmt, und die Schafgarbe: Sie ist ein echtes „Frau-
enkraut". Das heißt natürlich nicht, dass ihr Genuss den Frauen vorbehalten ist. Auch Männern schmeckt der blumig-frische Schafgarbentee.

Schon Pfarrer Kneipp hält in seinen Schriften fest: „Viel Unheil bliebe
den Frauen erspart, würden sie ab und zu nach der Schafgarbe greifen!"

Frische Schafgarbenblüten enthalten bis zu einem halben Prozent
ätherisches Öl, Flavonoide, Gerbstoffe und ein Bitterstoffalkaloid. In der
Volksmedizin gilt Schafgarbentee als regelrechtes Allheilmittel für alle
Arten von Frauenleiden. Innerlich wird er bei Menstruationsbeschwerden angewandt, auch bei Eierstockentzündung und selbst bei den Beschwerden im Zuge des Klimateriums wirkt er ausgleichend. Viele
Frauen leiden bei Witterungsumschwung oder Föhn unter Migränean-
fällen. Auch in diesen Fällen wirkt der Schafgarbentee mildernd, und bei
regelmäßigem Genuss – ein bis zwei Tassen täglich – kann sich die Neigung zur Migräne auch völlig verlieren.

Äußerlich wird Schafgarbentee bei Entzündungen im Unterleibsbe-
reich als Sitzbad empfohlen – zusätzlich zur inneren Anwendung.

Anbau

Schafgarbe wächst auf naturbelassenen Wiesen, an Wegrändern, Feldrainen und entlang von Getreidefeldern in ausreichenden Mengen. Der Anbau im Garten dürfte sich somit erübrigen.

Ernte

Geerntet werden die Blütendolden der Schafgarbe zwischen Juli und September . Man sollte bei der Sammlung peinlich genau darauf achten, nur völlig gesunde Blüten ohne Verfärbungen zu pflücken. Die Blüten können frisch und getrocknet verwendet werden. Zum Trocknen schneidet man sie von den feinen Ästchen und breitet sie auf Küchenkrepp an einem schattigen und luftigen Ort aus. Die feinen Blüten sind meist nach zwei Tagen völlig durchgetrocknet und werden dann licht- und luftgeschützt aufbewahrt.

Zubereitung

Die frischen oder getrockneten Blüten werden mit siedendem Wasser aufgegossen. Man lässt den Aufguss etwa vier bis fünf Minuten ziehen. Auch wenn man den duftig-blumigen Schafgarbentee zum puren Genuss trinkt, sollte man auf das Süßen verzichten. Das zarte Aroma kann sich sonst kaum mehr durchsetzen. Trinkt man Schafgarbentee zu Heilzwecken, ist Süßen auf jeden Fall verpönt.

Sonnenblume

Die Sonnenblume muss man nicht näher beschreiben: Sie ist geradezu ein Symbol für einen gemütlichen Heimgarten. Weniger bekannt dürfte sein, dass sich ihre Blütenblätter zu einem vorzüglich schmeckenden Tee aufbrühen lassen. Auch Mischungen mit getrockneten oder fermentierten Beerenblättern geben die Blütenblätter der Sonnenblume einen duftigen Charakter. In Mittelamerika – von dort stammt die Sonnenblume, sie wurde erst im 16. Jahrhundert von Seefahrern nach Europa gebracht – dürfte der Tee aus den Sonnenblumenblütenblättern eine etwa 3000-jährige Tradition haben. Darauf lassen archäologische Funde in Arizona und in Neu Mexiko schließen.

Sonnenblumen gibt es in unzähligen Arten, von kleinwüchsigen mit etwa einem halben Meter bis zu Riesen, die über zwei Meter hoch werden. Auch die Farbnuancen der Blütenblätter haben einen breiten Spielraum – von Zitronengelb über sattes Sonnengelb bis zu leuchtendem

Orange. Alle Blütenblätter liefern einen aromatischen Tee für den Genuss, und die Volksmedizin entdeckte rasch nach dem Einzug der Sonnenblume in die Bauerngärten, dass der Blütentee auch als Grippemit-
tel und fiebersenkend wirkt. Für letzteres sind Inhaltsstoffe wie Betain,
Anthocyan und Flavonglykoside verantwortlich.

Anbau
Sonnenblumen sind eine Zierde für jeden Garten. Die Vermehrung der
einjährigen Pflanzen erfolgt über Samen. Sie werden entweder ab April
direkt ins Beet gesät, oder man zieht die Pflanzen in Saatschalen oder
Kistchen vor und setzt sie erst dann aus. Letzteres empfiehlt sich in Ge-
genden mit rauerem Klima, weil Sonnenblumen sehr frostempfindlich
sind. Sie bevorzugen einen gut mit Kompost versorgten Gartenboden.

Ernte
Für den Tee werden die langen Zungenblüten geerntet, sobald sie sich
voll entfaltet haben. Man sollte nicht zu lange mit der Ernte warten, weil
sie bald nach dem Erreichen der Vollblüte zu schrumpeln beginnen. Die
Blütenblätter können frisch aufgebrüht, aber auch getrocknet werden.
Für die Mischung mit Beerenblättern kommen nur getrocknete Sonnenblumenblüten in Frage.

Zubereitung
Die frischen oder getrockneten Blüten werden mit kochendem Wasser
übergossen. Den „puren" Sonnenblumenblütentee lässt man etwa acht
bis zehn Minuten ziehen. In Mischungen bestimmt jener Anteil, der am
längsten braucht, die Ziehzeit.

Vogelbeeren

Ab Anfang September überziehen sie die Ebereschen mit einem leuch-
tenden Rot: die Vogelbeeren. Ihren Namen verdanken sie dem Umstand,
dass sie gerne von Vögeln gefressen werden. Die enthaltenen Samen
sind unverdaulich, werden mit dem Vogelkot verbreitet und sorgen dafür,
dass die Eberesche fast überall in Europa vorkommt: von der Mittel-
meerküste bis in die Almregion. Man muss die Eberesche nicht im Garten pflanzen, um in den Genuss ihrer Früchte zu kommen. Man kann sie
zwischen Anfang September und Mitte Oktober fast bei jeder Wande-
rung in ausreichenden Mengen sammeln.

Die Vogelbeeren sind begehrt für die Erzeugung von Edelbränden.
Weil sie sehr wenig Wasser enthalten und dementsprechend wenig ver-
wertbare Flüssigkeit ergeben, ist der Vogelbeerschnaps nicht nur wegen
seines einzigartigen Geschmacks, sondern auch wegen des hohen Auf-
wandes bei seiner Herstellung einer der teuersten Edelbrände.

Den vorzüglichen Geschmack der Vogelbeeren kann man auch für den
Früchtetee nutzen. Und der Umstand, der den Schnaps teuer macht –
die relative Trockenheit der Früchte –, ist für die Trocknung der Beeren
ein Vorteil. Sie lassen sich wegen des geringen Wassergehalts verhältnismäßig rasch und problemlos trocknen.

Früchtetee aus getrockneten Vogelbeeren ist für sich allein eine Tee-
spezialität von schöner, roter Farbe. Süßen mit Kandiszucker schadet
ihm nicht, ganz im Gegenteil: Der Kandiszucker rundet den vollfruchti-
gen Geschmack ab. In Mischungen vertragen sich die Vogelbeeren besonders gut mit fermentierten Himbeer- oder Brombeerblättern und
getrockneten Himbeeren oder Brombeeren. Die Beeren in der Mischung machen wegen ihres Fruchtzuckergehalts das Süßen mit Zucker, Kandiszucker oder Süßstoff überflüssig.

Zinnkraut

Das Zinnkraut ist auch unter der volkstümlichen Bezeichnung
„Ackerschachtelhalm" weithin bekannt. Es gehört zu jenen Kräutern,
die man nicht unbedingt im Garten ziehen muss, um sie regelmäßig und
bei Bedarf als Tee aufbrühen zu können. Zinnkraut wächst auch heute
noch in erfreulichen Mengen auf brachliegenden Äckern, an Waldrändern und Feldrainen, an Böschungen und Bahndämmen. In der Volksmedizin ist es von immenser Bedeutung, und Pfarrer Kneipp meinte, es
sei „einzig unersetzbar und unschätzbar bei Blutungen, Bluterbrechen,

Blasen- und Nierenbeschwerden, Stein und Grieß." Er empfiehlt zur Vorbeugung gegen Nierensteine, Rheuma und Gicht, ab einem gewissen Alter regelmäßig Zinnkrauttee zu trinken.

Zinnkraut enthält einen sehr hohen Anteil an Kieselsäure, was seine Wirksamkeit bei der Wundheilung erklärt, dazu noch organische Säuren, Saponin, Nikotin und Flavonglykoside. Es treibt im zeitigen Frühjahr aus dem breit- und tiefwachsenden Wurzelstock. Zuerst bilden sich die sporentragenden braunen Fruchtstängel. Erst später, gegen Ende Juni, erscheinen die grünen, charakteristischen Sommerwedel. Diese erntet man, indem man sie knapp über der Erde abschneidet, und hängt sie in Büscheln zum Trocknen auf. Der Wirkstoffgehalt ist beim jungen Kraut am höchsten. Es ist deshalb empfehlenswert, das Zinnkraut vor dem Hochsommer zu sammeln.

Zinnkrauttee schmeckt nicht so vorzüglich, dass er Teegenießer in Verzückung versetzen könnte. Wegen seines hohen gesundheitlichen Wertes ist er aber eine sinnvolle Beigabe zu verschiedensten Kräuter- und Früchteteemischungen. Wer unter einer Neigung zu Nierensteinen leidet, kann auf diese Weise seiner Gesundheit Gutes tun und sich trotzdem dem Genuss seiner bevorzugten Teemischung hingeben.

**Kräuter und Früchte
in Teemischungen**

**Heiße Genüsse für
kalte Tage – Früchte
und Kräuterpunsch**

**Kalte Drinks für heiße
Tage – Eistee und Long-
drinks mit Kräutern und
Früchten**

**Teeliköre – Alkoholisch-
süße Tee-Genüsse**

Teelikör-Gelees

Teegenuss für jeden Geschmack

Tee passt zu allen Gelegenheiten. Er verbreitet immer eine angenehme, entspannende Atmosphäre, vermittelt Wohlbefinden und einen Hauch von kultivierter Lebensart: von Teekultur eben. Dabei kommt es gar nicht so sehr darauf an, welchen Tee man bevorzugt. Jede Sorte und jede individuelle Mischung zeigt ihren eigenen Charakter und bleibt trotzdem Tee. Kräuter und Früchte bieten einen breiten Spielraum für die Fantasie jedes Teegenießers: jeder kann seine eigene Mischung kreieren, und wer will, kann sogar den Charakter der Mischung auf die jeweiligen Gegebenheiten, auf den Anlass oder die Umgebung abstimmen.

Teemischungen als Durstlöscher oder nach einem Essen sind Labsal für Körper und Geist. Trotzdem sollte man auch solche Tees bewusst genießen – Schluck für Schluck – und nicht in einem Zug „hinuntergießen". Teebereitung und Teegenuss sind in den klassischen Teekulturen nicht von ungefähr mit Zeremonien und Symbolen verbunden, denn Tee ist ein Genuss mit allen Sinnen. Und das gilt auch für unsere Kräuter- und Früchtetees.

Teekräuter lassen sich auf vielfältige Weise als Symbole sehen: Die Kamille steht für Zufriedenheit und Heiterkeit, Salbei für Ruhm und Anerkennung, die Ringelblume für Anmut und Schönheit, Holunder für Geborgenheit, Thymian für Mut und Tapferkeit, Malve für Sinnlichkeit und erotisches Begehren, Minze für Ideenreichtum und kreatives Schaffen, Melisse für Gemeinsamkeit und Freundschaft, Rosmarin für die Liebe – um nur einige Beispiele zu nennen. Wer beim bewussten Umgang mit dem Tee die Symbolik der Kräuter in seine Teekultur miteinbezieht, kann das sogar in seinen Teemischungen zum Ausdruck bringen. So kann man

Zufriedenheit und Freundschaft mischen oder Ideenreichtum mit Liebe – und diese Mischung als aromatisches Getränk genießen. Welches andere Getränk bietet solche Möglichkeiten?

Teemischungen verdienen bewussten Genuss!

Kräuter und Früchte in Teemischungen

Die Mischung ist mehr als die Summe ihrer Einzelteile. Dieser oft gebrauchte Satz dürfte für Teemischungen aus Kräutern und Früchten geprägt worden sein. Denn eine ausgewogene Mischung aus Teekräutern und -früchten ist immer mehr als bloß eine Addition von Aroma und Geschmack: Aus der Summe entsteht immer ein eigener Charakter mit einem besonderen Geschmack und einem unverwechselbaren Aroma. Ob einfacher Haustee als Durstlöscher oder würziger Wintertee für gemütliche Stunden – die folgenden Rezepte sind erprobte Mischungen für viele Anlässe. Sie sollen aber auch Ihre Fantasie anregen: Versuchen Sie Ihre eigene, ganz persönliche Mischung – den Möglichkeiten, die Kräuter und Früchte bieten, sind keine Grenzen gesetzt!

Die Mischung ergibt mehr als die Summe von Aroma und Geschmack.

Früchte für den Tee

FRÜHSTÜCKSTEE MIT MELISSE

4 Teile Hagebutten   1 Teil Malvenblüten
2 Teile Melissenblätter   2 Teile fermentierte Brombeerblätter

Zwei gehäufte Esslöffel der Mischung werden mit einem Viertelliter kochendem Wasser aufgegossen. Sechs Minuten ziehen lassen. Wenn der Tee süß sein soll, dann nur durch Honig!

FRÜHSTÜCKSTEE MIT ROSMARIN

3 Teile fermentierte Brombeerblätter
3 Teile grüne Himbeer- oder Erdbeerblätter
2 Teile Rosmarin

Zwei gestrichene Esslöffel der Mischung übergießt man mit einem Viertelliter wallend kochendem Wasser und lässt den Aufguss acht Minuten ziehen. Der Tee kann je nach Wunsch gesüßt werden. Und: Rosmarin regt einen müden Kreislauf an!

FRÜHSTÜCKSTEE MIT APFEL

3 Teile Apfelschalen
3 Teile grüne Himbeer- oder Erdbeerblätter
1 Teil Melisse

Zwei gehäufte Esslöffel der Mischung mit einem Viertelliter kochendem Wasser übergießen. Acht bis zehn Minuten ziehen lassen, je nach Wunsch mit Honig süßen. Diesen Tee mögen Kinder besonders gern zum Frühstück – und er gibt Energie für einen anstrengenden Schultag!

FRUCHTIGER FRÜHSTÜCKSTEE

3 Teile getrocknete Brombeeren
3 Teile fermentierte Brombeerblätter
1 Teil Melisse

Zwei gehäufte Esslöffel der Mischung werden mit einem Viertelliter kochendem Wasser übergossen. Ziehzeit etwa zehn Minuten. Wer´s nicht übermäßig süß haben muss, findet mit der natürlichen Süßigkeit durch den Fruchtzucker der Brombeeren sicher sein Geschmacksideal!

GRÜNER FRÜHSTÜCKSTEE

3 Teile Schafgarbenblüten   2 Teile Löwenzahnblüten
2 Teile Quendel   2 Teile Melisse

Zwei gestrichene Esslöffel der Mischung übergießt man mit einem Viertelliter siedend heißem, aber nicht mehr kochendem Wasser und lässt sie etwa zehn Minuten ziehen. Dieser grüne Tee ist nicht nur sehr geschmackvoll, er ist darüber hinaus wegen des Schafgarbenanteils ein richtiger „Frauentee". Wenn er süßer sein soll, als er von sich aus ist, sollte man zum Honigglas greifen. Für Zucker ist dieser Tee zu schade.

ROTER FRÜHSTÜCKSTEE

3 Teile getrocknete Johannisbeeren
1 Teil Hagebutten
1 Teil Malvenblüten
2 Teile Himbeer- oder Erdbeerblätter

Zwei gehäufte Esslöffel der Mischung werden mit einem Viertelliter kochendem Wasser übergossen. Man lässt den Aufguss zehn bis zwölf Minuten ziehen. Dieser Tee ist ein richtiger „Energy-Drink": voll mit Vitaminen und Mineralstoffen und deshalb besonders für trübe Wintermorgen geeignet!

HAUSTEEMISCHUNG HELL

3 Teile Apfelschalen	**2 Teile Fenchel**
2 Teile Brombeerblätter	**2 Teile Melisse**

Zwei gestrichene Esslöffel der Mischung übergießt man mit einem Viertelliter kochendem, aber nicht mehr wallendem Wasser und lässt sie zehn Minuten ziehen. Der sehr aromatische Tee kann mit Honig oder Kandiszucker gesüßt werden und ist wegen seines mild-aromatischen Geschmacks ein Haustee, den man täglich trinken kann. Er ist auch für Kinder geeignet.

Hausteemischung (links)
Tee für zwischendurch (rechts)

HAUSTEEMISCHUNG DUNKEL

2 Teile Hagebutten
2 Teile fermentierte Brombeerblätter
2 Teile Melisse

Zwei gehäufte Esslöffel der Mischung werden mit einem Viertelliter kochendem Wasser übergossen. Man lässt sie acht bis zehn Minuten ziehen. Wer will, kann den fruchtig-aromatischen Tee mit Honig süßen.

APFELTEE FÜR SOMMERTAGE

3 Teile Apfelschalen
2 Teile Brennnessel
2 Teile Pfefferminze

Zwei gestrichene Esslöffel der Mischung übergießt man mit einem Viertelliter kochend heißem Wasser und lässt sie acht bis zehn Minuten ziehen. Dieser Tee schmeckt auch kalt!

FRÜCHTETEE FÜR ZWISCHENDURCH

3 Teile Apfelschalen   **3 Teile getrocknete Himbeeren**
2 Teile Fenchel   **2 Teile Himbeerblätter**

Zwei gehäufte Esslöffel der Mischung mit einem Viertelliter kochend heißem Wasser übergießen und zehn Minuten ziehen lassen. Diese sehr aromatische, fruchtige Teemischung ist auch bei Kindern sehr beliebt!

SÜSSER FRÜCHTETEE

2 Teile Vogelbeeren   **4 Teile Kletzen (gedörrte Birnen)**
2 Teile Apfelschalen   **3 Teile Himbeerblätter**

Zwei gehäufte Esslöffel der Mischung übergießt man mit einem Viertelliter kochend heißem Wasser und lässt sie zehn Minuten ziehen. Dieser Tee ist wegen des hohen Fruchtzuckergehalts der gedörrten Birnen schon von sich aus süß – ein Geheimtipp für Diabetiker, die nicht auf süßen Tee verzichten wollen!

ROTER BLÜTENTEE

2 Teile Malvenblüten   **2 Teile Rosenblüten**
2 Teile Johanniskraut   **1 Teil Melisse**

Zwei gestrichene Esslöffel der Mischung übergießt man mit einem Viertelliter schwach siedendem Wasser und lässt sie zugedeckt acht bis zehn Minuten ziehen. Das sinnliche, edle Aroma dieser Teemischung verdient, pur und ungesüßt genossen zu werden. Ein besonderer Tee für besondere Augenblicke!

GOLDGELBER BLÜTENTEE

2 Teile Holunderblüten   2 Teile Schafgarbenblüten
3 Teile Johanniskraut   1 Teil Rosenblüten

Zwei gestrichene Esslöffel der Mischung werden mit einem Viertelliter kochendem Wasser übergossen. Man lässt den Aufguss acht bis zehn Minuten zugedeckt ziehen. Das blumige Aroma der Mischung und die aufheiternde Wirkung des Johanniskrauts machen diese Teemischung zum idealen Getränk nach einem harten Arbeitstag.

BIRNEN- UND BEERENTEE

3 Teile Himbeeren   3 Teile Kletzen (gedörrte Birnen)
3 Teile Johannisbeeren   5 Teile fermentierte Himbeerblätter

Zwei gehäufte Esslöffel der Mischung werden mit einem Viertelliter kochendem Wasser übergossen. Man lässt den Aufguss zehn bis zwölf Minuten ziehen. Diese Teemischung liefert wegen des hohen Fruchtzuckergehalts der Früchte die Süßigkeit gleich mit!

JOHANNISBEERTEE

3 Teile Johannisbeeren
2 Teile Melisse
1 Teil Pfefferminze

Zwei gehäufte Esslöffel der Mischung werden mit einem Viertelliter kochendem Wasser übergossen. Man lässt den Aufguss zehn bis zwölf Minuten ziehen. Dieser markant fruchtige Tee kann mit im Geschmack passenden Honig oder mit Kandiszucker gesüßt, aber auch „naturbelassen" genossen werden.

goldgelber Blütentee

Blüten für den Tee

MILDER WINTERTEE

3 Teile Apfelschalen   3 Teile Vogelbeeren
3 Teile Holunderblüten   3 Teile Johanniskraut

Zwei gestrichene Esslöffel der Mischung werden mit einem Viertelliter heißem, aber nicht mehr kochendem Wasser übergossen. Man lässt den Aufguss etwa zehn Minuten ziehen. Wer unbedingt will, kann diesen Tee mit Honig süßen. Ungesüßt kommt das harmonische Aroma jedoch besser zur Geltung. Eine Teemischung, die – schon wegen der Eigenschaften des Johanniskrauts – für heitere Ausgeglichenheit sorgt. Auch für den späteren Abend geeignet!

TEE FÜR SINNLICHE STUNDEN

4 Teile Rosmarin   3 Teile Quendel
2 Teile Melisse   2 Teile Malvenblüten
1 Teil fein gemahlener Kardamom

Zwei gestrichene Esslöffel der Mischung werden mit einem Viertelliter kochendem Wasser übergossen. Man lässt den Aufguss acht bis zehn Minuten ziehen. Ein sinnlicher Teegenuss! Für Männer mit Herz- oder Kreislaufproblemen empfiehlt es sich jedoch, den Kardamom wegzulassen. Und dass Sie nach dem Genuss dieses Tees schlafen können, sollten Sie nicht erwarten...

APFELTEE FÜR WINTERTAGE

3 Teile Apfelschalen
1 Teil Holunderblüten
ein etwa einem Mengenteil entsprechendes Stück einer Zimtstange

Die Mischung mit der grob zerkleinerten Zimtstange wird mit kochend heißem Wasser übergossen. Man lässt sie etwa zehn Minuten ziehen. Das fruchtige Aroma dieser Mischung kommt besonders gut zur Geltung, wenn man sie ungesüßt genießt!

WÜRZIGER WINTERTEE

4 Teile Apfelschalen   3 Teile Kletzen (gedörrte Birnen)
3 Teile Hagebutten   3 Teile fermentierte Brombeerblätter
1 Teil Gewürznelken   1 Teil grob zerkleinerte Zimtstangen
1 Prise fein geriebene Muskatnuss

Zwei gehäufte Esslöffel der Mischung übergießt man mit einem Viertelliter kochendem Wasser und lässt sie zehn bis zwölf Minuten ziehen. Damit sich das volle, abgerundete Aroma ausbilden kann, sollte man die Mischung etwa eine Woche vor Gebrauch herstellen und in einem luftdichten Behältnis – Teedose oder Schraubdeckelglas – aufbewahren. Dieser Tee schmeckt so, wie sich Nase und Gaumen einen Winterabend vorstellen!

TEE FÜR GEWISSE TAGE

4 Teile Schafgarbenblüten
3 Teile Johanniskraut
1 Teil Rosenblütenblätter

Zwei gestrichene Esslöffel der Mischung übergießt man mit einem Viertelliter siedendem Wasser und lässt sie zugedeckt acht bis zehn Minuten ziehen. Dieser Tee wirkt erleichternd bei Regelbeschwerden, erheitert das Gemüt und schmeckt auch noch wunderbar!

ABENDTEE

3 Teile Apfelschalen   **2 Teile Pfefferminze**
2 Teile Kamille   **2 Teile Fenchel**

Zwei gestrichene Esslöffel der Mischung übergießt man mit einem Viertelliter kochendem Wasser und lässt sie acht bis zehn Minuten ziehen. Schmeckt angenehm würzig-fruchtig und beruhigt!

APERITIF-TEEMISCHUNG

4 Teile Vogelbeeren
3 Teile Rosmarin
2 Teile Melisse

Zwei gestrichene Esslöffel der Mischung werden mit einem Viertelliter siedend heißem Wasser übergossen. Man lässt den Aufguss etwa zehn Minuten ziehen. Diese Teemischung schmeckt wunderbar frisch und macht Appetit.

DIGESTIF-TEEMISCHUNG

3 Teile Fenchel   **3 Teile Kümmel**
2 Teile Melisse   **2 Teile Thymian**

Zwei gestrichene Esslöffel der Mischung übergießt man mit einem Viertelliter wallend kochendem Wasser und lässt sie zehn bis zwölf Minuten ziehen. Dieser Tee ist vom Geschmack und Aroma her ein krönender Abschluss für ein gutes Mahl und hilft – besonders, wenn´s ein bisschen zu fett war – auch bei der Verdauung.

HAUSTEE FÜR SCHNUPFENZEITEN

4 Teile Hagebutten   **3 Teile Schwarze Johannisbeeren**
4 Teile Holunderblüten   **2 Teile Rotkleeblüten**

Zwei gehäufte Esslöffel der Mischung werden mit einem Viertelliter kochend heißem Wasser übergossen. Man lässt den Aufguss zehn bis zwölf Minuten ziehen und genießt den sehr aromatischen Tee idealerweise ungesüßt.

Heiße Genüsse für kalte Tage – Früchte- und Kräuterpunsch

Je kälter es draußen ist, umso wohler fühlt man sich in der warmen Stube. Das Wohlbehagen ist kaum noch zu übertreffen, hält man dann ein Glas Punsch oder Teelikör in der Hand. Es wärmt Gemüt und Körper und macht auch den kältesten Wintertag angenehm und schön.

Übrigens: Das Wort Punsch kommt von „pantscha", das heißt im Sanskrit, der indischen Hochsprache, „fünf". Fünf Zutaten braucht man nämlich für einen klassischen Punsch: Zucker, Zitronensaft, Wasser (oder Tee), Gewürz und Arrak (oder eine andere Form von eher hochprozentigem Alkohol). Die englischen Seeleute lernten dieses Getränk in Indien schätzen, brachten es nach England mit und bewiesen, dass sich auch in der gesellschaftlichen Richtung „von unten nach oben" Kultur durchsetzen kann – und nicht nur, wie meist behauptet, immer nur von oben nach unten. Der Punsch begann seinen Siegeszug in den Seefahrerkneipen der englischen Hafenstädte und schaffte von dort seinen Weg bis zu den königlichen Abendgesellschaften. Zu Beginn des 19. Jahrhunderts war er schließlich die „heiße" Mode in der feinen Gesellschaft ganz Europas. Er erfuhr die fantasievollsten Abwandlungen und wurde in den verschiedensten Variationen genossen. Jedoch: Die köstlichsten Punsch-Rezepte waren damals noch nicht bekannt. Jene nämlich, in welchen der Tee von unseren heimischen Kräutern und Früchten geliefert wird!

KIRSCHENPUNSCH

Teemischung

5 Teile Hagebutten	3 Teile fermentierte Brombeerblätter
3 Teile Melisse	1 Teil Malvenblüten

Weitere Zutaten

Saft einer halben Zitrone	300 g entkernte, geviertelte Kirschen
500 ml Kirschbrand	200 g brauner Kandiszucker
150 g Staubzucker	4 Eigelb
1 Esslöffel Rum	

Sechs gehäufte Esslöffel der Teemischung mit einem Liter kochendem Wasser übergießen und zehn Minuten ziehen lassen. Tee in einen großen Topf abseihen, geviertelte Kirschen, Zitronensaft und Kandiszucker in den Tee geben, aufkochen und etwa fünf Minuten auf kleiner Flamme weiterköcheln lassen. Dann von der Platte nehmen. Eigelb, Staubzucker, Kirschbrand und Rum in einer Schüssel mit dem Schneebesen schaumig aufschlagen. Am besten stellt man dazu die Schüssel in ein warmes Wasserbad. Der Schaum wird dann vorsichtig unter den Tee gerührt und der Punsch auf Gläser verteilt.

APFELPUNSCH

Teemischung
5 Teile Apfelschalen   3 Teile Melisse
3 Teile fermentierte Brombeerblätter

Weitere Zutaten

3 säuerliche Äpfel	2 Orangen
1 Zitrone	200 g brauner Kandiszucker
1 Zimtstange	3 Gewürznelken
150 ml Apfelkorn	250 g Schlagobers (Sahne)
Zimt zum Bestreuen	

Fünf gehäufte Esslöffel der Teemischung übergießt man mit einem Liter kochendem Wasser, lässt den Aufguss acht bis zehn Minuten ziehen und seiht ihn dann in einen großen Topf ab. Die geschälten und in feine Scheiben geschnittenen Äpfel, das in kleine Stücke geschnittene Fruchtfleisch der Orangen, den Saft der Zitrone, Kandiszucker, Zimtstange und Gewürznelken in den Tee geben, gut umrühren und kurz aufkochen. Vom Herd nehmen, zehn Minuten ziehen lassen, den Apfelkorn unterrühren und dann durch ein feines Sieb in Gläser gießen. Jede Portion bekommt ein Häubchen aus steif geschlagenem Obers und wird mit Zimt bestreut.

Apfelpunsch

WALDBEERENPUNSCH

Teemischung

3 Teile Melisse	5 Teile getrocknete Brombeeren
1 Teil Johanniskraut	5 Teile getrocknete Himbeeren
3 Teile fermentierte Brombeerblätter	

Weitere Zutaten

100 g Kandiszucker	300 g frische oder tiefgefrorene Himbeeren
250 ml Himbeergeist	250 ml Schlagobers (Sahne)
abgeriebene Schale einer halben Zitrone (unbehandelt)	

Sechs bis acht gehäufte Esslöffel der Teemischung werden mit einem Liter kochendem Wasser übergossen. Etwa zehn Minuten ziehen lassen, dann in einen großen Topf abseihen. Frische – oder aufgetaute – Himbeeren, Zitronenschale und Kandiszucker in den Tee geben, aufkochen und etwa fünf Minuten auf kleiner Flamme weiterköcheln lassen. Dann den Himbeergeist beigeben, etwas abkühlen lassen und in Gläser abseihen. Jedes Glas bekommt ein Häubchen aus steif geschlagenem Obers.

PUNSCH FÜR ZWEI

Teemischung

5 Teile Hagebutten	5 Teile Malvenblüten
2 Teile Rosenblütenblätter	2 Teile Himbeerblätter
1 Teil Rosmarin	

Weitere Zutaten

150 ml Kirschgeist	1 Prise gemahlener Kardamom
1 Prise gemahlener Zimt	1 Teelöffel gemahlener Ingwer
1 Gewürznelke	kandierte Kirschen zum Garnieren

Drei gehäufte Esslöffel der Teemischung, Zimt, Ingwer, Kardamom und Gewürznelke mit einem halben Liter kochendem Wasser übergießen und acht Minuten ziehen lassen. Dann abseihen, den Kirschgeist unterrühren und sofort in Gläsern mit je einer kandierten Kirsche servieren. Und wie schon sein Name vermuten lässt: Dieser Punsch wirkt wie ein Liebestrank – also Vorsicht, wenn Sie ihn jemandem mit schwachem Kreislauf zu servieren gedenken...

WIENER PUNSCH

Teemischung

5 Teile Hagebutten	5 Teile Malvenblüten
2 Teile Apfelschalen	3 Teile fermentierte Brombeerblätter

Weitere Zutaten

5 Esslöffel Kandiszucker	3 Esslöffel Staubzucker
4 Gewürznelken	1 Prise gemahlener Zimt
1 l trockener Weißwein	1 Prise gemahlene Muskatnuss
300 ml Rum	6 Eigelb
Saft und Schale von 2 Zitronen (unbehandelt)	

Sechs gehäufte Esslöffel der Teemischung, Kandiszucker, Gewürznelken, Zitronenschale, Zimt und Muskatnuss mit einem Liter sprudelnd kochendem Wasser übergießen und zehn Minuten ziehen lassen. Anschließend gut durchrühren und in einen großen Topf abseihen. Weißwein, Rum und Zitronensaft beigeben, bis knapp vor dem Sieden erhitzen. Eigelb und Staubzucker mit dem Schneebesen schaumig schlagen und unter ständigem Rühren in die gerade noch nicht siedende Flüssigkeit geben. Den Topf vom Herd nehmen und so lange weiterrühren, bis der Punsch schaumig ist. Dann sofort servieren.

ADVENTPUNSCH

Teemischung

5 Teile Apfelschalen	2 Teile Malvenblüten
3 Teile Erdbeerblätter	

Weitere Zutaten

1 l naturtrüber Apfelsaft	1 Esslöffel Bienenhonig
Saft einer Orange	3 Gewürznelken
1 Zimtstange	200 ml Calvados
Saft und Schale einer Zitrone (unbehandelt)	

Sechs gehäufte Esslöffel der Teemischung mit einem Liter kochendem Wasser übergießen und zehn Minuten ziehen lassen. Anschließend in einen großen Topf abseihen. Apfelsaft, Honig, Orangen- und Zitronensaft hinzufügen, gut durchrühren und erhitzen. Nun die Zimtstange, Gewürznelken und Zitronenschale untermischen und bis knapp vor dem Sieden erhitzen. Öfters umrühren. Dann vom Herd nehmen, den Calvados unterrühren und in bauchigen Gläsern servieren.

Adventpunsch

KRÄUTERPUNSCH

Teemischung

5 Teile Melisse   5 Teile Pfefferminze
3 Teile Quendel   2 Teile Löwenzahnblüten

Weitere Zutaten

200 g Kandiszucker   Saft einer halben Zitrone
250 ml Kräutergeist   Melissen- oder Minzenstängel zum Garnieren

Sechs gehäufte Esslöffel der Teemischung übergießt man mit kochendem Wasser. Zehn Minuten ziehen lassen, dann in einen größeren Topf abseihen. Kandiszucker und Zitronensaft unterrühren, kurz aufkochen und dann abkühlen lassen. Den Kräutergeist beigeben und in Gläsern, garniert mit je einem Minzen- oder Melissenstängel, servieren.

BLÜTENPUNSCH

Teemischung

5 Teile Malvenblüten   4 Teile Sonnenblumenblüten
2 Teile Rosenblütenblätter   2 Teile Holunderblüten

Weitere Zutaten

200 g Kandiszucker
abgeriebene Schale einer halben Zitrone (unbehandelt)
250 ml Beerenbrand (Vogelbeer, Himbeer oder Holunder)

Sechs gehäufte Esslöffel der Teemischung mit einem Liter kochendem Wasser übergießen und acht Minuten ziehen lassen. In einen Topf abseihen, Zitronenschale und Kandiszucker unterrühren, kurz aufkochen. Etwa fünf Minuten abkühlen lassen, dann den Beerenbrand einrühren. In Gläsern servieren und genießen!

Blütenpunsch

WINZERGROG

Teemischung

5 Teile Apfelschalen	5 Teile Hagebutten
3 Teile Malvenblüten	2 Teile Melisse

Weitere Zutaten

1 l trockener Rotwein	150 ml Rum
200 g brauner Kandiszucker	

Sechs gehäufte Esslöffel der Teemischung mit einem Liter kochendem Wasser übergießen und zehn Minuten ziehen lassen. Währenddessen Rotwein und Rum in einem großen Topf erhitzen (aber keinesfalls bis zum Kochen!) und den Kandiszucker darin durch ständiges Rühren vollständig auflösen. Den Tee abseihen und dazugießen. Gut durchrühren und in Gläsern servieren.

HIMBEERGROG MIT VANILLE

Teemischung

3 Teile Hagebutten	5 Teile getrocknete Himbeeren
1 Teil Melisse	3 Teile Himbeerblätter (grün oder fermentiert)

Weitere Zutaten

1 l trockener Weißwein	150 g Kristallzucker
1 Vanilleschote	250 ml Himbeersaft
250 ml Himbeergeist	

Sechs gehäufte Esslöffel der Teemischung mit einem Liter kochendem Wasser übergießen und zehn Minuten ziehen lassen, dann abseihen. Die Vanilleschote aufschneiden. Zusammen mit Himbeersaft und Kristallzucker in einem Topf bis zum Kochen erhitzen. Etwa eine Minute auf kleiner Flamme köcheln und anschließend unter ständigem Rühren etwas abkühlen lassen. Mit Weißwein und Himbeergeist aufgießen, gut durchrühren, abseihen, mit dem Tee vermischen, in Gläsern servieren und genießen!

FEUERZANGENBOWLE

Teemischung

5 Teile Malvenblüten	1 Teil Hagebutten

Weitere Zutaten

1 Zimtstange	2 Gewürznelken
1 l trockener Rotwein	700 ml Orangensaft
1 Zuckerhut	250 ml Rum (60 Prozent Alkohol)

Für diesen Klassiker braucht man das entsprechende Geschirr: ein Bowlegefäß mit drei Liter Fassungsvermögen, ein etwas größeres Stövchen sowie einen Halter für den Zuckerhut. Die Anschaf-

Minzeneistee

fung zahlt sich aus – denn wenn Sie auf den Geschmack gekommen sind, machen Sie die Feuerzangenbowle sicher öfter als nur einmal.

Und so geht´s: Fünf gestrichene Esslöffel der Teemischung, Zimtstange und Gewürznelken mit einem Liter kochendem Wasser übergießen und sechs Minuten ziehen lassen. Abseihen, mit Orangensaft und Rotwein in das Bowlegefäß gießen und auf dem Stövchen erhitzen. Den Zuckerhut im Halter über das Gefäß legen, mit der Hälfte des Rums übergießen und anzünden. So lange Rum darüberträufeln, bis der Zucker geschmolzen ist. Dann servieren und genießen.

KINDER-PARTY-BOWLE

Teemischung
5 Teile getrocknete Himbeeren   3 Teile Himbeerblätter
2 Teile Malvenblüten

Weitere Zutaten

1 Zimtstange	**1 Vanilleschote**
1 l Himbeersaft	**Himbeeren (frisch oder tiefgekühlt) zum Garnieren**
2 Esslöffel Honig	**Schale einer Zitrone (unbehandelt)**

Sechs gehäufte Esslöffel der Teemischung, zerkleinerte Zimtstange, aufgeschnittene Vanilleschote und abgeriebene Zitronenschale mit einem Liter kochendem Wasser übergießen und zehn Minuten ziehen lassen. In einen großen Topf abseihen, erhitzen, Himbeersaft und Honig einrühren und in Gläsern, in welche man einige Himbeeren gibt, servieren.

Kalte Drinks für heiße Tage – Eistee und Longdrinks mit Kräutern und Früchten

Heiße Sommertage und Alkohol vertragen sich nicht besonders gut. Fantasievolle Teefreunde haben sich längst zu Mixkünstlern gemausert und eisig kalte Drinks kreiert, die es mit den berühmtesten und beworbensten Modegetränken aufnehmen können und die außerdem noch gesund sind: Mineralien, die in Kräutern reichlich enthalten sind, ergänzen, was durch Schwitzen dem Körper verlorengeht. Geschmack kommt von Aroma und nicht von synthetischen Aromastoffen. Wenn Süßigkeit gefragt ist, liefern sie die Fruchtzucker der Beeren und nicht eine Unmenge von Raffineriezucker, wie in den Industriesäftchen. Die Zeiten, wo Kräutertee bloß ein gesunder Durstlöscher für Leistungssportler war, sind vorbei. Heute weiß man aus Kräutern und Früchten leichte, gesunde und dabei im Geschmack ungemein raffinierte Sommerdrinks zu mixen. Kommt mitunter ein Schuss Alkohol dazu, dann wegen des „gewissen Etwas" im Geschmack und nicht wegen seiner Wirkung. Diese Teegetränke haben einen eigenen Charme, und sie machen den sommerlichen Durst erst richtig schön!

Ein heißer Tipp für alle Arten Eistee: Lassen Sie die Eiswürfel nicht aus bloßem Wasser gefrieren – sondern aus Tee! Mit je einem Behälter voll Eiswürfel aus Kräuter-, Früchte- und Beerenblättertee haben Sie für jede Art von Eistee immer die geschmacklich passenden Eiswürfel vorrätig!

BLÜTEN-EISTEE

Teemischung

5 Teile Malvenblüten	3 Teile Sonnenblumenblüten
3 Teile Holunderblüten	1 Teil Rosenblütenblätter

Weitere Zutaten

Saft einer Zitrone	3 Esslöffel Kandiszucker (weiß)

Acht gehäufte Esslöffel der Teemischung mit einem Liter kochendem Wasser übergießen und zehn Minuten ziehen lassen. Dann abseihen, mit Kandiszucker und Zitronensaft verrühren. Hohe Gläser zu zwei Dritteln mit Eiswürfeln füllen und mit dem heißen Tee aufgießen.

HIMBEER-EISTEE

Teemischung

3 Teile Himbeerblätter	5 Teile getrocknete Himbeeren

Weitere Zutaten

200 g Himbeereis	200 ml Himbeergeist
200 g Himbeeren (frisch oder tiefgekühlt)	

Sechs gehäufte Esslöffel der Teemischung mit einem Liter kochendem Wasser übergießen, zehn Minuten ziehen lassen, abseihen und im Tiefkühlfach abkühlen lassen. Die Himbeeren im Mixer pürieren und mit dem Himbeergeist und dem Himbeereis vermischen. Die Eismischung auf hohe Gläser verteilen und mit dem – inzwischen eiskalten – Tee aufgießen.

Blüteneistee

WILLIAMS-EISTEE

Teemischung

3 Teile Apfelschalen	5 Teile Kletzen (gedörrte Birnen)
1 Teil Melisse	3 Teile fermentierte Brombeerblätter

Weitere Zutaten

3 Esslöffel Kandiszucker (weiß)   3 Esslöffel Williams-Birnenbrand
250 ml naturtrüber Birnensaft

Sechs gehäufte Esslöffel der Teemischung mit einem Liter kochendem Wasser übergießen und zwölf Minuten ziehen lassen. In einen Topf abseihen, mit Birnensaft, Kandiszucker und Birnenbrand verrühren. Dann den Tee zugießen und gut durchrühren. Hohe Gläser zu zwei Dritteln mit Eiswürfeln füllen und mit der Teezubereitung aufgießen.

SOMMERNACHTSTEE

Teemischung

5 Teile Hagebutten	3 Teile Apfelschalen
3 Teile Malvenblüten	3 Teile Holunderblüten

Weitere Zutaten

2 saftige Äpfel	5 vollreife Pfirsiche
200 g Kristallzucker	1 Flasche trockener Sekt

Sechs gehäufte Esslöffel der Teemischung mit einem Liter kochendem Wasser übergießen und zehn Minuten ziehen lassen. Abseihen und kalt stellen. Äpfel und Pfirsiche schälen, entkernen, klein schneiden und in eine Schüssel geben. Mit dem Kristallzucker bedecken und eine Stunde stehen lassen. Dann den Tee darübergießen, gut durchrühren und hohe Gläser zu zwei Drittel damit füllen. Unmittelbar vor dem Servieren mit dem eiskalten Sekt aufgießen.

ERDBEER-EISTEE MIT SEKT

Teemischung

3 Teile Erdbeerblätter	5 Teile getrocknete Erdbeeren
1 Teil Melisse	

Weitere Zutaten

200 g Erdbeereis	200 g Erdbeeren (frisch oder tiefgekühlt)
1 Flasche trockener Sekt	

Sechs gehäufte Esslöffel der Teemischung mit einem Liter kochendem Wasser übergießen und zehn Minuten ziehen lassen. Abseihen und kalt stellen. Inzwischen die Erdbeeren pürieren. Erdbeereis und Erdbeerpüree auf hohe Gläser verteilen, bis auf zwei Drittel mit dem Tee auffüllen und den Rest mit dem eiskalten Sekt aufgießen.

Minzen-Eistee

Teemischung

5 Teile Pfefferminze   2 Teile Zitronenmelisse

Weitere Zutaten

6 Esslöffel Pfefferminzlikör   zerstoßene Eiswürfel
Minzenzweige zum Garnieren

Fünf gestrichene Esslöffel der Teemischung mit kochendem Wasser übergießen und acht Minuten ziehen lassen. Abseihen und kalt stellen.

Sobald der Tee abgekühlt ist, hohe Gläser zur Hälfte mit zerstoßenen Eiswürfeln füllen. Das Eis jeweils mit einem Esslöffel Pfefferminzlikör übergießen und schließlich mit dem Tee aufgießen. Mit Minzezweigen garniert servieren!

Übrigens: Eiswürfel lassen sich am einfachsten zerstoßen, wenn man sie in ein Tuch wickelt und dann kräftig mit einem Hammer daraufklopft!

Melissen-Eistee

Teemischung

5 Teile Melisse   1 Teil Pfefferminze

Weitere Zutaten

1 Limette (unbehandelt)   2 Esslöffel Kristallzucker
200 g Zitronensorbet   200 ml Bitter Lemon

Sechs gehäufte Esslöffel der Teemischung (doppelte Menge bei frischen Blättern!) mit einem Liter kochendem Wasser übergießen und zehn Minuten ziehen lassen. Abseihen und im Tiefkühlfach abkühlen lassen. Inzwischen die Limette heiß waschen, die Schale fein abreiben, die Limette sodann halbieren und den Saft auspressen. Schale und Saft im abgekühlten Tee verrühren. Zitronensorbet auf hohe Gläser verteilen, mit Bitter Lemon und schließlich mit Tee aufgießen. Und wenn Sie etwas fürs Auge tun wollen: Ein frischer Melissenzweig im Glas wirkt sehr dekorativ!

Teeliköre – Alkoholisch-süße Tee-Genüsse

Liköre sind aromatische alkoholische Getränke mit einem relativ hohen Zuckergehalt. Dieser muss, damit das Getränk Likör heißen darf, mindestens 100 Gramm pro Liter Flüssigkeit betragen. Der Alkoholgehalt liegt normalerweise zwischen 15 und 40 Prozent, manchmal auch darüber.

Die Likörbereitung hat viele begeisterte Anhänger. Sie lässt der Fantasie und dem persönlichen Geschmack einen breiten Spielraum. Die Tradition der Likörbereitung im bürgerlichen oder bäuerlichen Haushalt reicht zurück bis in die erste Hälfte des 19. Jahrhunderts. Davor war der Likör der wohlhabenden Oberschicht vorbehalten. Grund dafür waren die extrem hohen Zuckerpreise. Weil Likör seinen Gästen nur anbieten konnte, wer es sich leisten konnte, waren die verschiedensten Li-

Klassischer Teelikör

köre bis an die Wende zum 19. Jahrhundert Statussymbole. Adelige Leute hatten in ihrem Gefolge meist auch Spezialisten für die Likörherstellung. So weiß man von Katharina von Medici, dass sie sich zwar mit drei Köchen begnügte, aber sieben Likör-Spezialisten in ihrem Gefolge hatte.

Erst nach der Kolonisation subtropischer Landstriche wurde Rohrzucker für breitere Bevölkerungsschichten erschwinglich, wenn auch längst noch nicht billig. Das wurde Zucker erst ab dem Beginn des 19. Jahrhunderts. 1804 errichtete der deutsche Chemiker Franz Carl Achard im schlesischen Cunern die erste Rohrzuckerfabrik und schuf damit die Basis für die Verbreitung des Zuckers – und bald auch des Likörs – in allen gesellschaftlichen Schichten.

Ansatzschnäpse aus Kräutern, getrockneten Früchten oder Wurzeln wurden zumindest seit dem Hochmittelalter sowohl in den Klosterapotheken als auch von den bäuerlichen Heilkundigen hergestellt. Mit dem preisgünstig verfügbaren Rübenzucker war es von diesen Ansatzschnäpsen zum Likör nur mehr ein kleiner Schritt. Man gab dem überlieferten Rezept einfach eine gehörige Portion Zucker bei.

Weil sich die traditionelle Likörbereitung zu einem wesentlichen Teil auf die Herstellung von Heilschnäpsen in den Klosterapotheken stützte, verwundert es nicht, dass wir viele Rezepte mit Teekräutern und -früchten finden. Darüber hinaus findet die Fantasie einen breiten Spielraum. Grundsätzlich gibt es für Teeliköre nur eine Grenze: die des persönlichen Geschmacks.

Für die folgenden Rezepte gilt allgemein: Der Tee-Aufguss oder -Ansatz sollte wesentlich kräftiger sein als bei einem normalen Tee-Aufguss. Für die Teemischungen verwendet man vorwiegend getrocknete Kräuter und Früchte. Werden in den Rezepten nicht ausdrücklich frische Kräuter oder Früchte verlangt, so handelt es sich immer um getrocknete. Die Haltbarkeit der Teeliköre in verschlossenen, bis zum Rand gefüllten Flaschen beträgt in der Regel durchwegs ein Jahr. Es ist sinnvoll, Teeliköre nur in kleine Flaschen (maximal 0,5 Liter) abzufüllen. So kommt nicht bei jedem Likör-Genuss der gesamte Vorrat mit Luft in Berührung.

Übrigens: Besonders die Früchte-Teeliköre schmecken besonders gut, wenn man sie mit Sekt aufgießt oder mit perlendem Mineralwasser aufgegossen als Long-drink serviert!

KLASSISCHER TEELIKÖR

Teemischung
20 g fermentierte Himbeer- und/oder Brombeerblätter

Weitere Zutaten
1 TL Zimt	1 Pkg. Vanillezucker
500 ml Weingeist (70 %)	1 EL abgeriebene Zitronenschale
500 ml Rum	500 g brauner Rohrzucker
500 ml Wasser	

Teemischung, Zimt, Vanillezucker und Zitronenschale in ein verschließbares Glas geben und mit dem Weingeist übergießen. Eine Woche lang an einem dunklen, warmen Ort ziehen lassen. Dann den Ansatz durch einen Kaffeefilter abgießen.

Rohrzucker in Wasser verrühren und unter ständigem Rühren kurz aufkochen. Abkühlen lassen und mit dem Teeansatz und dem Rum verrühren. In kleine Flaschen abfüllen und an einem kühlen Ort noch mindestens eine Woche reifen lassen. Danach steht dem Genuss nichts mehr im Wege.

HOLUNDERBLÜTEN-TEELIKÖR

Teemischung

20 g Holunderblüten   10 g Malve
10 g Schafgarbe

Weitere Zutaten

2 unbehandelte Zitronen   25 frische Holunderblüten-Dolden
750 ml Weingeist (70 %)   750 ml Wasser
200 g weißer Kandiszucker, fein gemahlen

Die Holunderblüten-Dolden vorsichtig in kaltem Wasser waschen und mit den Blüten nach unten auf Küchenkrepp trocknen lassen. Dann die dickeren Stiele von den Blütenständen abschneiden. Zitronen in feine Scheiben schneiden. Holunderblüten abwechselnd mit Zitronenscheiben in ein großes Glas schichten und mit dem Weingeist aufgießen. Die Blüten müssen vollständig von Weingeist bedeckt sein, damit sich kein Schimmel bilden kann! Das Glas mit einem Tuch abdecken und drei Wochen an einen warmen, aber nicht sonnigen Platz stellen. Nach dieser Zeit wird der Ansatz durch einen Kaffeefilter abgeseiht.

Die Teemischung mit 750 ml kochendem Wasser übergießen, zehn Minuten ziehen lassen, abseihen und den Kandiszucker einrühren. Er muss sich vollständig auflösen. Mit dem abgeseihten Holunderblüten-Ansatz aufgießen, noch einmal gut durchrühren und in kleine Flaschen füllen. Etwa eine Woche an einem dunklen, kühlen Ort dem ersten Genuss entgegenreifen lassen!

HOLUNDERBEEREN-TEELIKÖR

Teemischung

20 g Holunderblüten   10 g Hagebutten
10 g Himbeer- oder Brombeerblätter

Weitere Zutaten

1 kg Holunderbeeren   3 Vanilleschoten
5 Gewürznelken   500 g Kristallzucker
500 ml Weingeist (70 %)   Wasser

Die von den Stielen gerebelten frischen Holunderbeeren waschen, in einem emaillierten Topf (keinesfalls Edelstahl!) mit einem Liter Wasser übergießen, zum Kochen bringen und etwa eine Stunde lang zugedeckt auf kleiner Flamme köcheln lassen. Dann die Flüssigkeit abseihen und mit dem Kristallzucker verrühren. Der Länge nach aufgeschnittene Vanilleschoten und die Gewürznelken beigeben und noch einmal aufkochen. Dann durch ein sehr feines Sieb oder ein Tuch abseihen und abkühlen lassen.

Die Teemischung mit einem halben Liter kochendem Wasser übergießen, zehn Minuten ziehen lassen, abseihen, abkühlen lassen und gemeinsam mit dem Weingeist unter den Holunderbeerensaft rühren. Einige Stunden zugedeckt stehen lassen, dann noch einmal gut durchrühren und in kleine Flaschen abfüllen.

HIMBEER-TEELIKÖR

Teemischung

30 g getr. Himbeeren   20 g fermentierte Himbeerblätter
750 ml Wasser

Weitere Zutaten

300 g Kristallzucker   10 g Zitronensäure
750 ml Himbeergeist

Himbeeren und Himbeerblätter in einem Topf mit Wasser übergießen, aufkochen und etwa drei Minuten auf kleiner Flamme kochen. Den Topf vom Herd nehmen, Kristallzucker beigeben und rühren, bis sich der Zucker vollständig aufgelöst hat. Abkühlen lassen und einen Tag lang zugedeckt ziehen lassen. Dann durch ein feines Sieb abgießen, Zitronensäure und Himbeergeist unterrühren und in kleine Flaschen abfüllen. Vor dem Genuss noch mindestens eine Woche nachreifen lassen.

VANILLE-TEELIKÖR

Teemischung

10 g Malvenblüten   10 g getrocknete Apfelschalen
10 g Joahnniskraut   10 g Himbeer- oder Brombeerblätter

Weitere Zutaten

5 Vanilleschoten   750 ml Wasser
350 g Kandiszucker   750 ml Bacardi (weißer Rum)

Teemischung in einem Topf mit kaltem Wasser (etwa 600 ml) übergießen, zum Kochen bringen, etwa fünf Minuten auf kleiner Flamme köcheln lassen, dann vom Herd nehmen.

Vanilleteelikör

Vanilleschoten aufschneiden, auskratzen, Schoten und Mark mit 150 ml Wasser übergießen, 50 g Kandiszucker unterrühren, aufkochen und etwa zehn Minuten bei wenig Hitze köcheln lassen. Durch ein feines Sieb zum Tee gießen und die restlichen 300 g Kandiszucker unterrühren. Nach dem Abkühlen noch einmal gut durchrühren (der Zucker muss vollständig aufgelöst sein) und mit dem Bacardi aufgießen. In kleine Flaschen abfüllen und vor dem Genuss mindestens sechs Wochen an einem kühlen, dunklen Ort reifen lassen.

JOHANNISBEER-TEELIKÖR

Teemischung

20 g getr. Johannisbeeren **10 g getr. Johannisbeerblätter**
750 ml Wasser

Weitere Zutaten

10 g Zitronensäure **300 g brauner Kandiszucker**
Saft einer Zitrone **750 ml Wodka**

Wasser mit Johannisbeeren und Johannisbeerblättern aufkochen, etwa zwei Minuten wallend kochen lassen, dann den Topf vom Herd nehmen. Kandiszucker beigeben und rühren, bis er sich vollständig aufgelöst hat. Nach dem Abkühlen noch einmal gut durchrühren und zugedeckt einen Tag lang ziehen lassen. Dann durch ein feines Sieb abseihen, Zitronensäure, Zitronensaft und Wodka unterrühren und in kleine Flaschen füllen. Nach mindestens einer Woche Reifezeit können Sie den Johannisbeer-Teelikör genießen.

MELISSEN-TEELIKÖR

Teemischung

20 g Melisse **10 g Malvenblüten**
10 g Pfefferminze

Weitere Zutaten

3 Scheiben einer Limette **Frische Melissenblätter in ausreichender Menge**
10 g Zitronensäure **750 ml Kornbrand (mindestens 38 %)**
300 g Kristallzucker **500 ml Wasser**

Frische Melissenblätter in einer Menge, die locker geschichtet ein 1-Liter-Glas füllt, waschen, trockentupfen und in das Glas geben. Mit dem Kornbrand so aufgießen, dass alle Blätter vollständig davon bedeckt sind. Limetten-Scheiben beigeben, das Glas gut verschließen und für sechs bis acht Wochen an einen hellen, warmen, aber nicht sonnigen Ort stellen. Einmal täglich gut durchschütteln. Nach dieser Zeit wird der Ansatz durch ein feines Sieb abgeseiht.

Die Teemischung mit einem halben Liter kochendem Wasser übergießen, zehn Minuten ziehen lassen, dann abseihen, Zucker unterrühren, bis er sich vollständig aufgelöst hat, abkühlen lassen, die Zitronensäure beigeben und mit dem abgeseihten Ansatz verrühren. In kleine Flaschen füllen und an einem kühlen Ort mindestens zwei Wochen nachreifen lassen.

MINZE-TEELIKÖR

Teemischung

20 g Pfefferminze   20 g Melisse

Weitere Zutaten

750 ml Weingeist (70 %)   1 EL abgeriebene Zitronenschale
10 g Zitronensäure   300 g Kristallzucker
500 ml Wasser

Die frischen Minzeblätter waschen, trockentupfen und in ein gut verschließbares Glas geben. Mit dem Weingeist so aufgießen, dass alle Blätter vollständig davon bedeckt sind. Abgeriebene Zitronenschale beigeben, das Glas gut verschließen und für mindestens sechs Wochen an einen hellen, warmen Ort stellen (aber nicht in die pralle Sonne!). Täglich gut schütteln. Nach dieser Zeit wird der Ansatz durch ein feines Sieb abgeseiht.

Die Teemischung mit einem halben Liter kochendem Wasser übergießen, zehn Minuten ziehen lassen, dann abseihen, Zucker unterrühren, bis er sich vollständig aufgelöst hat, abkühlen lassen, die Zitronensäure beigeben und mit dem abgeseihten Ansatz verrühren. In kleine Flaschen füllen und an einem kühlen Ort einige Wochen nachreifen lassen.

HAGEBUTTEN-TEELIKÖR

Teemischung

20 g Hagebutten   10 g Malvenblüten
10 g Melisse

Weitere Zutaten

300 g Kristallzucker   300 g Hagebutten (frisch oder getrocknet)
10 Gewürznelken   1 TL Zimt
750 ml Wodka

Die Hagebutten waschen, abtropfen lassen, von den Rispen streifen, mit dem Kandis leicht zerstampfen. In einer Schüssel über Nacht stehen lassen.

Am nächsten Tag Gewürznelken im Mörser zerstoßen und mit Zimt unter das Hagebutten-Püree mengen. In ein gut verschließbares großes Glas füllen, mit dem Wodka übergießen, gut durchrühren und für sechs bis acht Wochen an einen hellen und warmen Platz, jedoch nicht in die pralle Sonne stellen. Einmal täglich sollte man das Glas ausgiebig schütteln. Nach dieser Zeit wird der Ansatz durch ein feines Sieb abgeseiht.

Die Teemischung mit einem halben Liter kochendem Wasser übergießen. Zehn Minuten ziehen lassen, dann abseihen. Nach dem Abkühlen mit dem abgeseihten Ansatz verrühren, in kleine Flaschen füllen und zum weiteren Reifen für mindestens vier Wochen an einen kühlen Ort stellen.

ROSEN-TEELIKÖR

Teemischung

20 g Hagebutten	10 g Rosenblüten
10 g Holunderblüten	

Weitere Zutaten

10 g Zitronensäure	20 frische Blütenblätter von ungespritzten Duftrosen
750 ml Wasser	300 g weißer Kandiszucker, fein gemahlen
750 ml Wodka	

Die Teemischung mit 750 ml Wasser übergießen, zehn Minuten ziehen lassen, dann abseihen. Die Rosenblätter von den Stängeln zupfen, die unteren weißen Enden abschneiden, in einer ausreichend großen Schüssel mit dem Kandiszucker bestreuen und etwa eine Stunde stehen lassen. Dann mit dem Tee und dem Wodka übergießen, Zitronensäure beigeben und gut zugedeckt an einem warmen, aber nicht sonnigen Platz zwei Tage ziehen lassen. Danach durch ein feines Sieb abseihen und in kleine Flaschen füllen.

Spezieller Genuss-Tipp: Ein Sektglas zu einem Drittel mit Rosen-Teelikör füllen und mit Weißburgunder-Sekt aufgießen!

SCHWARZER TEELIKÖR

Teemischung

20 g Hagebutten	10 g getrocknete Melisse
10 g fermentierte Himbeer- oder Brombeerblätter	

Weitere Zutaten

1 Zimtstange	1 Vanilleschote
5 Gewürznelken	10 Rosinen
250 ml Weingeist (70 %)	750 ml Rum
350 g Kristallzucker	400 ml Wasser

Teemischung in ein verschließbares Glas geben. Die Vanilleschote mit einem spitzen Messer der Länge nach durchschneiden und das Vanillemark herauskratzen. Die Schote, das Mark sowie die Gewürznelken, die Zimtstange und die Rosinen unter die Teemischung mengen, mit Weingeist übergießen und das verschlossene Glas für eine Woche an einen kühlen Ort stellen. Danach durch ein feines Sieb abgießen.

Den Zucker in einem Topf mit Wasser verrühren und unter häufigem Umrühren aufkochen lassen. Vom Herd nehmen, abkühlen lassen, mit Rum und dem Teeansatz verrühren und in Flaschen abfüllen. Erst nach mindestens drei Wochen Lagerung an einem kühlen Ort hat der schwarze Teelikör seine Genussreife erreicht.

BROMBEER-TEELIKÖR

Teemischung
20 g getrocknete Brombeeren
10 g fermentierte Brombeerblätter

Weitere Zutaten
750 g frische Brombeeren
(Ausnahmsweise werden bei diesem Rezept frische Beeren verwendet!)
750 ml Beerenbrand (vorzugsweise Brombeerbrand)
500 g Kandiszucker   500 ml Wasser

Teemischung mit etwa einem halben Liter kochendem Wasser übergießen und etwa zehn Minuten ziehen lassen, dann abseihen.

Die frischen Brombeeren mit Kandiszucker vermengen, mit einem halben Liter Wasser übergießen, aufkochen und etwa zehn Minuten auf kleiner Flamme köcheln lassen. Dann vom Herd nehmen, etwas abkühlen lassen, pürieren und das Brombeerpüree durch ein feines Sieb streichen. Mit Tee und Beerenbrand aufgießen, gut durchrühren und in kleine Flaschen füllen. Vor dem Genuss etwa eine Woche an einem kühlen Ort reifen lassen.

KRÄUTERTEE-LIKÖR

Teemischung
10 g Minze   20 g Himbeer- oder Brombeerblätter

Weitere Zutaten
1 TL Kümmel	1 TL Sternanis
5 Wacholderbeeren	5 Piment-Beeren
3 Gewürznelken	1 Zimtstange
2 Rosmarin-Zweige	5 Salbeiblätter
3 Lorbeerblätter	1 Majoranzweig
1 Thymianzweig	250 g brauner Rohrzucker
750 ml Wodka	

Alle Zutaten werden in ein Glas gefüllt und gut vermengt. Dann übergießt man sie mit dem Wodka und stellt das gut verschlossene Glas für drei bis vier Wochen an einen hellen, warmen, aber nicht sonnigen Platz. Täglich ausgiebig schütteln.

Nach dieser Zeit wird der Ansatz durch einen Kaffeefilter abgegossen und in Flaschen gefüllt. Dieser Teelikör fördert – wie ein Kräuterschnaps – die Verdauung!

WEIHNACHTLICHER TEELIKÖR

Teemischung

20 g Hagebutten	10 g Malvenblüten
10 g Himbeer- oder Brombeerblätter	

Weitere Zutaten

1 TL Zimt	1 EL abgeriebene Zitronenschale
10 Rosinen	3 Zimtstangen
300 ml Weingeist (70 %)	750 ml Rum (40 %)
300 g Kandiszucker	500 ml Wasser

Teemischung und Gewürze in ein verschließbares Glas geben, mit dem Weingeist übergießen und eine Woche an einem kühlen Ort ziehen lassen. Dann durch ein feines Sieb abgießen.

Kandiszucker in Wasser verrühren und unter ständigem Rühren kurz aufkochen. Nach dem Abkühlen mit dem Teeansatz und dem Rum verrühren, in kleine Flaschen abfüllen und vor dem Genuss noch etwa zwei bis drei Wochen nachreifen lassen.

Teelikör-Gelees

Sind im Prinzip nichts anderes als Teeliköre, die durch Gelierzucker zum Gelee werden. Sie sind ein berauschender Überguss für eine breite Palette von Süßspeisen – vom einfachen Vanille-Eis bis zum Früchte-Sorbet. Die folgenden Rezepte sind nur einige Beispiele aus der Fülle möglicher Teelikör-Gelee-Genüsse. Lassen Sie Ihrer Fantasie die Zügel schießen!

HOLUNDER-TEELIKÖR-GELEE

750 ml Wasser	20 g getrocknete Holunderblüten
500 g Gelierzucker	750 ml Sambuca oder heimischer Holunderbrand

Die Holunderblüten in einem Topf mit 750 ml kochendem Wasser übergießen und etwa drei Minuten ziehen lassen. Dann den Gelierzucker einrühren und nach der Anweisung auf der Gelierzucker-Packung aufkochen. Kurz vor Ende der Kochzeit den Sambuca oder Holunderbrand hinzufügen. In vorbereitete kleine Schraubdeckelgläser abfüllen.

MINZE-TEELIKÖR-GELEE

10 g getrocknete Melisse	20 g getrocknete Pfefferminze
750 ml Wasser	500 g Gelierzucker
750 ml Wodka	

Die getrockneten Teekräuter in einem Topf mit 750 ml kochendem Wasser übergießen und etwa drei Minuten ziehen lassen. Dann den Gelierzucker einrühren und nach der Anweisung auf der Gelierzucker-Packung aufkochen. Kurz vor Ende der Kochzeit den Wodka beifügen. In vorbereitete kleine Schraubdeckelgläser abfüllen.

ROSEN-TEELIKÖR-GELEE

30 g Hagebutten	**25 Blütenblätter von ungespritzten Duftrosen**
750 ml Wasser	**100 g Kristallzucker**
500 g Gelierzucker	**750 ml Wodka**

Die Rosenblätter von den Stängeln zupfen, die unteren weißen Enden abschneiden, in einem Topf mit dem Kristallzucker bestreuen und etwa drei Stunden stehen lassen.

Hagebutten mit 750 ml kochendem Wasser übergießen, zehn Minuten ziehen lassen, dann über die Rosenblätter gießen. Gut durchrühren, dann durch ein feines Sieb in einen ausreichend großen Topf abseihen. Den Gelierzucker einrühren und nach der Anweisung auf der Gelierzucker-Packung aufkochen. Kurz vor Ende der Kochzeit den Wodka beifügen. In vorbereitete kleine Schraubdeckelgläser abfüllen.

Rosen-Teelikör-Gelee

Auch die Haut mag Kräutertee

Teekräuter bei kosmetischen Problemen und für die tägliche Hautpflege „von innen"

Es wurde schon mehrmals erwähnt: Die meisten für den Teegenuss genutzten Kräuter verfügen auch über beträchtliche Heilkräfte. In der traditionellen Volksmedizin stellt der Tee-Absud von Kräutern eines der wichtigsten Heilmittel dar. Viele dieser überlieferten Kräutertee-Rezepturen finden sich noch heute in der Hausapotheke. Bei vielen der kleinen Leiden und Wehwehchen sind sie als Hausmittel noch immer die erste Wahl – trotz des Überangebots an pharmazeutischen Produkten. Wobei hier wie bei jeder Erwähnung von Hausmitteln der Hinweis angebracht ist: Wer krank ist, gehört zum Arzt. Wer sich auf Selbstdiagnose und Hausmittel allein verlässt, geht das Risiko ein, eine ernsthafte Erkrankung zu übersehen oder zu ignorieren.

Aber um Erkrankungen soll es in diesem Kapitel ja gar nicht gehen. Sondern um die Schönheit – vor allem die Schönheit von innen her. Auch das ist ein Bereich, in dem Kräutertees ihre Wirkung entfalten können. Schließlich heißt gesund immer auch schön.

Kräutertees als Schönheitsmittel finden wir in der Volksmedizin und, auf deren Basis, in den letzten Jahren zunehmend in der Naturheilkunde und in der Naturkosmetik. Geradezu klassisch ist der Brennnesseltee. Er gilt als wirkungsvolles Entschlackungsmittel und schwemmt Schad-

Teekräuter bei kosmetischen Problemen und für die tägliche Hautpflege „von innen"

Schönheitspflege von außen und innen

Kräutertee-Mischungen in kurmäßiger Anwendung

Kräutermischungen ...

... zur Stärkung einer gesunden Hautfunktion

... zur Blutreinigung und Entschlackung

... gegen unreine Gesichtshaut

... gegen fettige Gesichtshaut

... gegen fette und unreine Haut

... gegen trockene und empfindliche Haut

... gegen vorzeitige Faltenbildung

... gegen blasse und schlaffe Haut

stoffe aus, die sich im Körpergewebe eingelagert haben. Damit verhilft er auch zu einem schönen Hautbild, zu reiner und gleichmäßiger Haut. „Unreine" Haut ist durchaus wörtlich zu nehmen. In den meisten Fällen ist Unreinheit nämlich eine Folge abgelagerter Schadstoffe.

Oder ein weiteres Beispiel aus dem Kosmetikköfferchen der Volksmedizin: die Löwenzahnwurzel. Sie gilt als Mittel gegen brüchige Fingernägel und gegen sprödes, mattes, glanz- und kraftloses Haar. Tee aus der zerkleinerten, getrockneten Löwenzahnwurzel enthält Mineralstoffe und Kieselsäure in hoher Konzentration. Und genau das sind die Stoffe, die dem Körper fehlen, wenn die Fingernägel brüchig und das Haar spröde und matt ist.

Schönheitspflege von außen und von innen

Es ist wichtig, Haut und Haar zu pflegen. Cremes und Lotionen, Peelings, Kopfhautmassagen, Haarspülungen – all das tut Haut und Haar gut. Aber oft ist es nicht genug. Störungen der Gesundheit und damit der Schönheit stecken unter der Hautoberfläche und unter den Haarwurzeln. Ihre

Frauenmantel: ein häufig verwendetes Teekraut

Ursache können Mangel an verschiedensten Mineralstoffen, Spurenelementen oder Vitaminen genauso sein wie Ablagerungen von Schadstoffen aus Nahrung und Umwelt. Und vor allem dürfen wir nie vergessen: Die Haut ist nicht bloß der Überzug unseres Körpers. Sie ist ein hochspezialisiertes Organsystem und hat vielfältige Aufgaben zu erfüllen. Die Haut schützt Gewebe und Organe gegen mechanische und chemische Einwirkung, gegen die Strahlung und gegen das Eindringen von Krankheitserregern. Sie regelt den Wasserhaushalt und die Temperatur des Körpers. Überdies kann sie durch ihr Nervensystem feinste Reize aufnehmen und weiterleiten.

Neben allen diesen lebenswichtigen Funktionen erfüllt die Haut noch eine weitere: Sie ist ein äußeres Zeichen für Gesundheit und Schönheit. Erscheint uns jemand krank, dann merken wir das zu allererst an seiner Haut: Sie ist fahl, matt, schuppig. Kaum einem Organ des Körpers wendet der Mensch so viel Aufmerksamkeit zu wie seiner Haut. Man ist bestrebt, ihre Widerstandskraft und Frische zu erhalten und dadurch gesund und schön zu wirken. Wobei ein Zuviel an Zuwendung für die Haut schon wieder zur Strapaze ausarten kann. Die Haut braucht Sonne, aber zu viel Sonne schädigt sie. Und die Haut braucht Pflege – aber so manches, was die Kosmetik-Industrie anbietet, geht gar nicht so wohltuend unter die Haut. Wichtig ist, die Haut zu reinigen, aber dabei auf zwei wesentliche Faktoren zu achten: Feuchtigkeit und Fettgehalt.

Feuchtigkeits- und Fettgehalt der normalen Haut bleiben üblicherweise gleich. Durch Duschen oder Waschen wird dieses Gleichgewicht jedoch beeinflusst. Schon warmes Wasser allein kann den Fettgehalt um bis zu 20 Prozent senken. Verwendet man Reinigungsmittel, kann die Fettschicht der Haut bis zu 70 Prozent verloren gehen. Die Haut wird dadurch sehr trocken und empfindlich. Äußerlich braucht sie deshalb Unterstützung beim Wiederaufbau der Fettschicht. Diese bekommt sie einerseits durch Cremen und Lotionen, andererseits auch dadurch, dass man möglichst alkalifreie Seifen und Duschbäder verwendet. Letztere greifen den Säureschutzmantel der Haut nicht oder nur geringfügig an.

> Zwei Faktoren für gesunde Haut: Feuchtigkeit und Fettgehalt

Von innen her kann man auch die gesunde Haut durch Kräutertees unterstützen und stärken. Die Haut braucht eine Vielzahl an Vitaminen, Mineralstoffen und Spurenelementen. Diese Stoffe werden mit der täglichen Nahrung oft nur ungenügend zugeführt. Besonders wichtig ist beispielsweise Eisen, das die Bildung des roten Blutfarbstoffs Hämoglobin fördert, der wiederum für den Sauerstofftransport im Körper sorgt. Eisenmangel führt neben einer Reihe anderer Beschwerden zu einer blassen, ungesunden Hautfarbe. Aber zum Glück gibt es eine Reihe von Kräutern, die über den Tee das benötigte Eisen liefern: Brennnessel, Löwenzahn, Thymian, Brombeere (Früchte und Blätter), Melisse, Schafgarbe – um nur einige zu nennen.

> Kräuter liefern Nährstoffe für die Haut.

Mit Kräutertee kann man auch der Haut Gutes tun.

Kräutertee-Mischungen in kurmäßiger Anwendung

Die im Folgenden aufgeführten Tee-Rezepturen bestehen aus Kräuter-Mischungen. Sie sind so zusammengestellt, dass die für einen bestimmten Zweck benötigten Inhaltsstoffe in möglichst großer Menge in den Tee übergehen. Allerdings bringt es wenig Nutzen, nur ab und zu eine Tasse des jeweiligen Tees zu trinken. Um eine Wirkung zu erzielen, muss die Anwendung kurmäßig über einen längeren Zeitraum hinweg erfolgen.

Es macht Sinn, sich beim Beginn einer Teekur an den Mondphasen zu orientieren. Bei zunehmendem Mond ist der Körper eher geneigt, etwas aufzunehmen. In der Phase des abnehmenden Mondes wird dagegen die Ausscheidung von Schlacken und Schadstoffen begünstig. Eine Teekur zur Entschlackung beginnt man deswegen idealerweise am ersten Tag des abnehmenden Mondes und trinkt die nächsten drei Wochen täglich vier bis fünf Tassen des entschlackenden Kräutertees. Die letzte Woche vor Vollmond macht man Pause, um sofort nach Vollmond wieder mit der Teekur zu beginnen.

Sollen die Kräutertees dem Körper Stoffe zuführen, so begünstigt der zunehmende Mond die Aufnahme dieser Stoffe. Man beginnt also eine solche Teekur am ersten Tag des zunehmenden Mondes, trinkt drei Wochen lang täglich die entsprechende Anzahl Tassen des jeweiligen Tees und macht die letzte Woche vor Neumond Pause. Sofort nach Neumond beginnt man die Teekur von Neuem.

Weil die Möglichkeit besteht, dass sich der Körper nach einer gewissen Zeit an eine bestimmte Teemischung gewöhnt und damit die Wirkung herabgesetzt wird, finden Sie immer mehrere Rezepturen für einen bestimmten Zweck. So können Sie nach einem drei-Wochen-Zyklus die Teemischung wechseln.

Mondphasen, wichtig für die Teekur!

Kräutermischungen zur Stärkung einer gesunden Hautfunktion

MISCHUNG 1

4 Teile Ackerschachtelhalm
2 Teile Birkenblätter
4 Teile Brennnesselblätter
1 Teil Thymian
2 Teile Taubnessel

Zwei Teelöffel der Kräutermischung werden mit einem Viertelliter kochend heißem Wasser übergossen. Zehn Minuten ziehen lassen, dann abseihen und ungesüßt vor dem Frühstück und vor dem Abendessen trinken.

MISCHUNG 2

4 Teile Ackerschachtelhalm
3 Teile Löwenzahnwurzel
2 Teile Quecke

3 Teile Andorn
3 Teile Meisterwurz
1 Teil Salbeiblätter

Einen gehäuften Teelöffel dieser Mischung setzt man am Abend in einem Viertelliter Wasser kalt an und lässt den Ansatz zugedeckt über Nacht stehen. Am Morgen den Ansatz kurz aufkochen, sofort nach dem Aufwallen vom Herd nehmen, abseihen, etwas abkühlen lassen und vor dem Frühstück schluckweise trinken.

MISCHUNG 3

1 Teil Ackerschachtelhalm
2 Teile Römische Kamille

2 Teile Brennnessel
1 Teil Schafgarbe

Zwei Teelöffel der Kräutermischung mit kochendem Wasser überbrühen, zehn Minuten ziehen lassen und dann abseihen. Man trinkt vor jeder Mahlzeit eine Tasse dieses Tees, möglichst ungesüßt.

Kapitel 143

Kräutermischungen zur Blut-reinigung und Entschlackung

Mischung 1

4 Teile Echte Kamille
1 Teil Kalmuswurzel
2 Teile Brennnessel

2 Teile Erdrauch
3 Teile Kornblume

Zwei Teelöffel der Kräutermischung übergießt man mit einem Viertelliter kochendem Wasser. 15 Minuten ziehen lassen, abseihen, etwas abkühlen lassen. Man trinkt zweimal täglich eine Tasse dieses Tees.

Mischung 2

4 Teile Brennnessel
1 Teil Knoblauchkraut
1 Teil Echte Kamille

2 Teile Frauenmantel
2 Teile Meisterwurz

Zwei gehäufte Teelöffel der Kräutermischung übergießt man mit einem Viertelliter kochendem Wasser. 15 Minuten ziehen lassen, abseihen, etwas abkühlen lassen. Man trinkt morgens und abends je eine Tasse dieses Tees.

Mischung 3

2 Teile Birkenblätter
2 Teile Fenchel
1 Teil Pfefferminze

3 Teile Brennnessel
3 Teile Holunderblüten

Zwei Teelöffel der Kräutermischung übergießt man mit einem Viertelliter kochend heißem Wasser. Zehn Minuten ziehen lassen, abseihen, etwas abkühlen lassen. Man trinkt zwei- bis dreimal täglich eine Tasse dieses Tees.

Mischung 4

3 Teile Brennnessel
2 Teile Holunderblüten
1 Teil Melisse

2 Teile Echte Kamille
2 Teile Lindenblüten

Einen Esslöffel der Kräutermischung übergießt man mit einem Viertelliter kochend heißem Wasser. Zehn Minuten ziehen lassen, abseihen, etwas abkühlen lassen. Man trinkt dreimal täglich eine Tasse dieses Tees.

Kräutermischungen gegen unreine Gesichtshaut

Ist das Hautbild des Gesichts durch häufiges Auftreten von Pickeln und Mitessern gestört, so kann man dem – neben der nötigen äußeren Pflege – durch Kräutertees entgegenwirken.

MISCHUNG 1

2 Teile Basilikumblätter
1 Teil Lindenblüten
3 Teile Salbei

2 Teile Anissamen, fein gemahlen
2 Teile Römische Kamille

Zwei Esslöffel der Kräutermischung werden mit einem Viertelliter kochend heißem Wasser übergossen. Zehn Minuten ziehen lassen, abseihen, etwas abkühlen lassen. Man trinkt vier- bis fünfmal täglich eine Tasse davon.

Am Abend kann man den Kräuterrückstand des Tees auf die von Mitessern und Pickeln betroffenen Stellen der Gesichtshaut auflegen. Nach gut zwei Stunden wird die Auflage entfernt und das Gesicht mit lauwarmem Wasser, dem etwas Zitronensaft beigegeben wurde, gewaschen.

MISCHUNG 2

3 Teile Brombeerblätter
2 Teile Salbei
1 Teil Römische Kamille

3 Teile Himbeerblätter
2 Teile Brennnessel

Zwei Esslöffel der Kräutermischung übergießt man mit einem Viertelliter kochend heißem Wasser. Zehn Minuten ziehen lassen, abseihen, etwas abkühlen lassen. Man trinkt vier- bis fünfmal täglich eine Tasse dieses Tees.

Zwischen den beiden Kräutermischungen soll im Monatsrhythmus gewechselt werden. Also drei Wochen Mischung 1, eine Woche Pause, dann drei Wochen Mischung 2 und so weiter!

Kapitel 145

Kräutermischungen gegen fettige Gesichtshaut

MISCHUNG 1

2 Teile Frauenmantel   2 Teile Klette (Kraut)
2 Teile Römische Kamille   3 Teile Weißdornblüten

Zwei Esslöffel der Kräutermischung übergießt man mit einem Viertelliter kochend heißem Wasser. 15 Minuten ziehen lassen, abseihen, etwas abkühlen lassen. Man trinkt vier- bis fünfmal täglich eine Tasse dieses Tees.

MISCHUNG 2

1 Teil Brombeerblätter   2 Teile Rosmarin
2 Teile Thymian   3 Teile Weißdornblüten
1 Teil Brennnessel

Zwei Teelöffel der Kräutermischung übergießt man mit einem Viertelliter kochend heißem Wasser. 15 Minuten ziehen lassen, abseihen, etwas abkühlen lassen. Man trinkt vier- bis fünfmal täglich eine Tasse davon.

MISCHUNG 3

3 Teile Birkenblätter   3 Teile Brennnessel
2 Teile Echte Kamille   2 Teile Eisenkraut
1 Teil Pfefferminze   1 Teil Wegwarte

Zwei Teelöffel der Kräutermischung übergießt man mit einem Viertelliter kochend heißem Wasser. Zehn Minuten ziehen lassen, abseihen, etwas abkühlen lassen. Man trinkt vier- bis fünfmal täglich eine Tasse dieses Tees.

MISCHUNG 4

1 Teil Eisenkraut   3 Teile Malvenblüten
2 Teile Pfefferminze   2 Teile Rosmarin
2 Teile Römische Kamille

Zwei Teelöffel der Kräutermischung übergießt man mit einem Viertelliter kochend heißem Wasser. Zehn Minuten ziehen lassen, abseihen, etwas abkühlen lassen. Man trinkt dreimal täglich eine Tasse davon.

Kapitel 147

Kräutermischungen gegen fette und unreine Haut

Fette Haut neigt oft zu Pusteln und Pickeln. Das wird durch den übermäßig produzierten Talg bewirkt, welcher die Poren verstopft und in der Folge zu Entzündungen führt. Es gilt also, die Haut zur Einschränkung der Talgproduktion zu bewegen. Neben der täglichen Reinigung, bei der man auch mild entfettende Seifen verwenden kann, und dem Waschen mit Wasser, dem ca. 20 Prozent Apfelessig beigegeben wurden, gibt es auch eine Reihe von Kräutermischungen, deren Aufguss bei der Eindämmung der Talgproduktion unterstützend wirkt.

MISCHUNG 1

2 Teile Birkenblätter 3 Teile Ackerschachtelhalm
2 Teile Salbei 1 Teil Holunderblüten

Einen Esslöffel der Kräutermischung mit einem Viertelliter kochendem Wasser übergießen und kurz aufkochen lassen, 20 Minuten ziehen lassen, dann abseihen. Man trinkt vor jeder Mahlzeit eine Tasse dieses Tees.

MISCHUNG 2

3 Teile Birkenblätter 2 Teile Ackerschachtelhalm
2 Teile Brennnessel 1 Teil Holunderblüten
3 Teile Fenchelsamen (fein gemahlen)

Einen Esslöffel der Kräutermischung mit einem Viertelliter kochend heißem Wasser übergießen, 10 Minuten ziehen lassen, dann abseihen. Man trinkt vor jeder Mahlzeit eine Tasse dieses Tees.

MISCHUNG 3

2 Teile Salbei 1 Teil Römische Kamille
2 Teile Ackerschachtelhalm

Einen Esslöffel der Kräutermischung mit einem Viertelliter kochend heißem Wasser übergießen, 12 Minuten ziehen lassen, dann abseihen. Man trinkt vor jeder Mahlzeit eine Tasse dieses Tees.

Kräutermischungen gegen trockene und empfindliche Haut

MISCHUNG 1

2 Teile Labkraut   **2 Teile Pfefferminze**
3 Teile Schafgarbe   **1 Teil Ringelblumenblüten**
2 Teile Tausendguldenkraut

Zwei Teelöffel der Kräutermischung übergießt man mit einem Viertelliter kochend heißem Wasser. Zehn Minuten ziehen lassen, abseihen, etwas abkühlen lassen. Man trinkt drei- bis viermal täglich eine Tasse dieses Tees.

MISCHUNG 2

2 Teile Königskerzenblüten   **3 Teile Malvenblüten**
3 Teile Römische Kamille   **2 Teile Rosmarin**
1 Teil Schafgarbe

Zwei Teelöffel der Kräutermischung übergießt man mit einem Viertelliter kochend heißem Wasser. 20 Minuten ziehen lassen, dann abseihen. Man trinkt dreimal täglich eine Tasse dieses Tees.

MISCHUNG 3

2 Teile Birkenblätter   **2 Teile Brennnessel**
2 Teile Holunderblüten   **3 Teile Schlehdornblüten**
1 Teil Brombeerblätter

Einen gehäuften Esslöffel der Kräutermischung übergießt man mit einem Viertelliter kochend heißem Wasser. 20 Minuten ziehen lassen, dann abseihen. Man trinkt dreimal täglich eine Tasse dieses Tees.

Kapitel 149

Kräutermischungen gegen vorzeitige Faltenbildung

MISCHUNG 1

3 Teile Birkenblätter   3 Teile Brennnessel
2 Teile Goldrute   1 Teile Pfefferminze

Zwei Teelöffel der Kräutermischung übergießt man mit einem Viertelliter kochendem Wasser und lässt sie noch zwei Minuten weiter kochen. Dann vom Herd nehmen und mindestens 15 Minuten ziehen lassen, dann absehen. Man trinkt vor jeder Mahlzeit eine Tasse dieses Tees.

MISCHUNG 2

3 Teile Birkenblätter   2 Teile Gartenraute
1 Teil Heidekraut   2 Teile Hirtentäschelkraut
2 Teile Schafgarbe   1 Teil Schlehdorn

Einen gehäuften Esslöffel der Kräutermischung übergießt man mit einem Viertelliter kochendem Wasser und lässt sie kurz aufkochen. Dann vom Herd nehmen und 20 Minuten ziehen lassen, dann absehen. Man trinkt vor jeder Mahlzeit eine Tasse dieses Tees.

MISCHUNG 3

1 Teil Baldrianwurzel   1 Teil Gartenraute
1 Teil Heidekraut   2 Teile Melisse
2 Teile Römische Kamille

Einen gehäuften Esslöffel der Kräutermischung übergießt man mit einem Viertelliter kochendem Wasser und lässt sie kurz aufkochen. Dann vom Herd nehmen und 15 Minuten ziehen lassen, dann absehen. Man trinkt vor jeder Mahlzeit eine Tasse dieses Tees.

Oft bilden sich schon in jungen Jahren die Falten zwischen Nase und Mundwinkel stark aus. Diese Falten haben sogar diagnostische Bedeutung. Sind sie stark ausgeprägt, kann man auf eine Störung des Magen-Darm-Bereichs schließen. In solchen Fällen haben sich die beiden folgenden Kräutermischungen als hilfreich erwiesen.

MISCHUNG 4

3 Teile Brunnenkresse   **2 Teile Kalmuswurzel**
2 Teile Majoran   **2 Teile Fenchel**
1 Teil Wermut (Kraut)

Zwei Esslöffel der Kräutermischung übergießt man mit einem Viertelliter kochendem Wasser, 10 Minuten ziehen lassen, dann abseihen. Man trinkt dreimal täglich eine Tasse dieses Tees.

MISCHUNG 5

2 Teile Melisse   **3 Teile Schafgarbe**
1 Teil Wermut (Kraut)   **2 Teile Tausendguldenkraut**
3 Teile Fenchelsamen (fein gemahlen)

Einen Esslöffel der Kräutermischung übergießt man mit einem Viertelliter kochend heißem Wasser, 15 Minuten ziehen lassen, dann abseihen. Man trinkt vor jeder Mahlzeit eine Tasse dieses Tees.

Kapitel 151

Kräutermischungen gegen blasse und schlaffe Haut

Eine ungesunde blasse Hautfarbe ist oft eine Folge von Eisenmangel, nur in seltenen Fällen ist sie hormonell bedingt. Bei Eisenmangel macht die Haut oft zusätzlich einen schlaffen Eindruck. Den Eisenmangel kann man mit den folgenden Kräutertees beheben.

MISCHUNG 1

2 Teile Brennnessel   2 Teile Brombeerblätter
1 Teil Gartenraute   3 Teile Weißdornblüten
2 Teile Schafgarbe

Einen Esslöffel der Kräutermischung übergießt man mit einem Viertelliter kochendem Wasser, 12 Minuten ziehen lassen, dann abseihen. Man trinkt vor jeder Mahlzeit eine Tasse dieses Tees.

MISCHUNG 2

3 Teile Brennnessel
2 Teile Melisse
1 Teil Salbei
3 Teile Weißdornblüten

Einen Esslöffel der Kräutermischung übergießt man mit einem Viertelliter kochendem Wasser, 10 Minuten ziehen lassen, dann abseihen. Man trinkt vor jeder Mahlzeit eine Tasse dieses Tees.

MISCHUNG 3

3 Teile Ackerschachtelhalm
3 Teile Weißdornblüten
2 Teile Brombeerblätter
1 Teil Salbei

Einen Esslöffel der Kräutermischung übergießt man mit einem Viertelliter kochend heißem Wasser, 10 Minuten ziehen lassen, dann abseihen. Man trinkt vor jeder Mahlzeit eine Tasse dieses Tees.

Aus unserem Programm

Leopold Stocker Verlag

www.stocker-verlag.com